오가닉 비즈니스

Organic Business

Network is eating the world

오가닉 비즈니스
Organic Business
Network is eating the world

노상규 지음

Organic Media Lab

Prologue 연결을 지배할 독자들에게

"이제 더 이상 버틸 수 없는 세상이 왔다. 하지만 도대체 무엇을 어떻게 바꿔야 할지 막막하기만 하다. 강의도 듣고 컨설팅도 받지만 여전히 막막하기만 하다."

언론, 광고, 자동차, 전자, 금융 등 산업을 막론하고 최근에 만난 경영자들이 하는 이야기다. 도대체 무엇이 잘못된 것일까? 어디서부터 풀어야 할까?

시장 본질의
변화

이는 모든 것이 해체되는 현상은 보지만 그 변화의 본질을 꿰뚫어 보지는 못하기 때문이다. 구글은 광고 산업을, 페이스북은 미디어를, 아마존은 상거래를, 우버는 택시 산업을, 에어비앤비airbnb는 호텔업을, 테슬라는 자동차 산업을, 샤오미는 제조업을, 핀테크는 금융 산업을 해체했거나 해체하고 있다.

왜 그럴까? 문서, 사람, 사물 할 것 없이 모든 것이 연결되어 새로운 네트워크를 만들기 때문이다. 하지만 이러한 본질을 이해하는 것은 쉽지 않다.

"아마존은 월마트와는 근본적으로 다르다." "우버는 카카오 택시가 아니다." "샤오미는 겉은 제조업체지만 속은 구글이다." 이러한 주장이 가슴으로 이해되지 않는 것은 아마존, 우버, 샤오미를 과거의 관점에서 겉모습만 보고 본질을 보지 못하기 때문이다.

이 책에서는 연결이 지배하는 세상의 비즈니스 본질에 대해 살펴본다. 오가닉 비즈니스는 살아 있는 네트워크의 관점에서 비즈니스에 접근한다. 즉 구글, 아마존, 페이스북, 우버 등이 어떻게 작동하고, 어떻게 가치를 만들며, 어떻게 돈을 버는지 그 원리와 구조를 오가닉 비즈니스 관점에서 분석한다.

이 책의
여정

이 책은 총 6부 20장으로 구성되어 있다. 순서대로 읽는 것이 가장 바람직하지만 각 부와 장을 가능하면 독립적으로 구성했기 때문에 여러분의 관심과 지식에 따라 여정을 달리하는 것이 효과적일 수도 있다.

이 책의 구성과 가능한 여정은 다음과 같다.

1부에서는 오가닉 비즈니스를 정의한다. 오가닉 비즈니스에서는 왜 가치의 중심이 물질에서 정보로, 사물에서 연결로 이동하는지, 왜 비즈니스를 살아 있는 네트워크의 관점에서 봐야 하는지, 왜 '티끌 모아 태산'의 법칙이 지배하는지에 대해 설명한다.

2부에서는 정보의 개념에 대해 다룬다. 물질이 아니라 정보가 중심인 세상에서 정보에 대한 이해는 필수다. 아마존 킨들의 사례를 통해 물질이 껍데기가 되고 정보가 중심이 되는 현상을 짚어 보고, 정보가 지닌 독특한 속성과 공짜가 될 수밖에 없는 이유에 대해 살펴본다.

3부에서는 오가닉 비즈니스의 경쟁 구도와 메커니즘에 대해 설명한

오가닉 비즈니스 여정 (Journey to Organic Business)

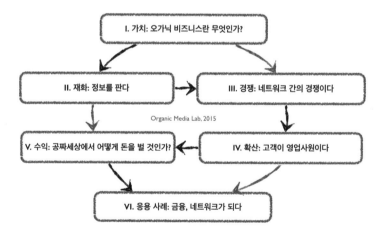

이 책은 총 6부로 구성되어 있다. 순서대로 읽기를 권하지만 여러분의 관심사와 전문 영역에 따라 독자적인 여정을 만들어도 무방하다.

다. 오가닉 비즈니스에서는 왜 '넘버원Number One'이 아니라 '온리원Only One'이 되어야 하는지, 이러한 경쟁 구도에서 네트워크 효과와 규모의 경제를 기반으로 한 선순환 구조를 어떻게 만들지에 대해 살펴본다.

4부에서는 오가닉 비즈니스의 확산 방법에 대해 알아본다. 연결이 지배하는 세상에서는 왜 바이럴viral 확산만이 유일한 대안인지, 바이럴 확산이 어떤 원리로 작동하는지, 어떻게 바이럴 확산을 성공시킬 수 있는지 설명한다.

5부에서는 오가닉 비즈니스의 수익 모델에 대해 다룬다. 공짜가 넘치는 세상에서는 왜 서비스 모델과 수익 모델을 분리해 생각해야 하는지, 어떻게 공짜 기반 비즈니스가 가능한지, 어떻게 수익을 극대화할 수 있는지, 성공적인 수익 모델이 넘어야 할 산은 무엇인지 살펴본다.

6부에서는 오가닉 비즈니스 관점을 금융 산업의 미래를 해석하는 데 적용했다. 금융 산업이 어떻게 네트워크가 되고 있는지 '핀테크'와 '비트코인'을 오가닉 비즈니스 관점에서 해석해 본다.

생각의
여정

이 책은 약 15년간의 학제 간 연구, 창업 및 자문 경험, 다양한 강의, 뜨거운 토론이 집약된 책이다. 케빈 켈리Kevin Kelly의 《디지털 경제를 지배하는 10가지 법칙》,[1] 칼 샤피로Carl Shapiro와 할 R. 배리언Hal R. Varian의 《정보법칙을 알면 .COM이 보인다》,[2] 브라이언 아서Brian Arthur의 《경제에서의 수확체증과 경로 의존성》[3]에서 현상에 대한 이해가 시작되었다. 크리스 앤더슨Chris Anderson의 《롱테일 법칙》[4]과 《프리》,[5] 던컨 와츠Duncan Watts의 《Small World: 여섯 다리만 건너면 누구와도 연결된다》[6]와 《여섯 단계》,[7] 앨버트 라슬로 바라바시Albert-Laszlo Barabasi의 《링크》,[8] 돈 탭스코트Don Tapscott와 앤서니 D. 윌리엄스Anthony D. Williams의 《위키노믹스》,[9] 데이비드 S. 에반스David S. Evans의 《보이지 않는 엔진》[10] 등으로 생각의 틀이 다듬어졌고, 미디어를 살아 있는 네트워크로 정의한 윤지영의 《오가닉 미디어》[11]에 의해 완성되었다.

이 책은 '비즈니스에서 쉽게 성공하는 10가지 방법'이 아니다. 쉽게 해결할 수 있는 문제였다면 이 책이 필요하지 않았을 것이다. 하지만 최대한 이해하기 쉽게 쓰기 위해 노력했다. 되도록 사례를 중심으로 설명했고, 본질을 해치지 않는 한 최대한 단순화했다. 여전히 어려운 부분이 남아 있거나 오해의 소지가 있다면 내 능력이 부족해서다.

연결이 지배하는 세상을 헤쳐 나가야 할 경영자들에게 이 책이 등대가 될 것이라 확신한다. 이 책을 통해 연결을 지배하는 리더가 되기

1. Kevin Kelly, *New Rules for the New Economy*, Penguin, 1999.
2. Carl Shapiro and Hal R. Varian, *Information Rules*, Harvard Business Review Press, 1998.
3. Brian Arthur, *Increasing Returns and Path Dependence in the Economy*, University of Michigan Press, 1994.
4. Chris Anderson, *The Long Tail*, Random House, 2006.
5. Chris Anderson, *Free*, Hyperion, 2010.
6. Duncan Watts, *Small Worlds*, Princeton University Press, 1999.
7. Duncan Watts, *Six Degrees*, Norton, 2003.
8. Albert-Laszlo Barabasi, *Linked*, Perseus Publishing, 2002.
9. Don Tapscott & Anthony D. Williams, *Wikinomics*, Portfolio Trade, 2006.
10. David S. Evans, Andrei Hagiu, & Richard Schmalensee, *Invisible Engines*, MIT Press, 2008.
11. 윤지영, 《오가닉 미디어》, 21세기북스, 2014.

바란다.

서울대학교 경영대학 교수

오가닉미디어랩 공동 운영

노 상 규 드림

추신

오가닉 비즈니스는 기존의 책과는 다른 방식으로 태어났다. 이는 이 책에서의 주장을 스스로 실천하기 위해서다.

- 오가닉미디어랩을 통해 지금까지 3년간 독자들과 함께 이 책을 만들었다. 독자들은 오가닉미디어랩의 일원[12]으로서 값진 피드백을 주기도 했고 부족한 글을 지인들과 공유하여 이 책의 가치를 더욱 높여 주었다.
- 이 책은 웹북과 전자책으로 먼저 만들어졌다. 더 이상 연결되지 않고, 공유되지 않으며, 진화하지 않는 콘텐츠는 죽은 콘텐츠[13]이기 때문이다.
- 이 책의 웹북과 전자책은 무료다. 더 많은 독자들이 이 책을 체

---

12. 윤지영, 〈미디어의 진화와 오가닉 마케팅〉, 오가닉미디어랩, 2015년 5월 8일, http://organicmedialab.com/2015/05/08/media-evolution-and-organic-marketing/.
13. 윤지영, 〈연결의 시대, 여러분의 콘텐츠는 살아있나요?〉, 체인지온, 2014년 11월 14일, http://www.slideshare.net/daumfoundation/2014-41632792.

험하고 오가닉미디어랩이 추구하는 가치에 공감하도록 하는 광고이기도[14] 하다.

14. 윤지영, 〈경험이 광고다: "아뇨, 우버를 불렀어요"〉, 오가닉미디어랩, 2015년 7월 2일, http://organicmedialab.com/2015/07/02/evolution-of-advertising-experience-is-advertisement/.

차 례

Part2. 재화 | 정보를 판다

Part3. 경쟁 | 네트워크 간의 경쟁이다

Part4. 확산 | 고객이 영업사원이다

Part6. 응용 사례 | 금융, 네트워크가 되다

오가닉 비즈니스란 무엇인가?

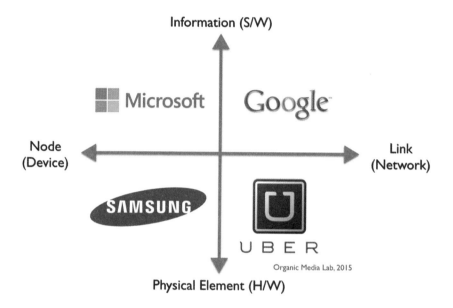

4 Types of Business Value

Information (S/W)

Microsoft　Google

Node
(Device)　　　　　　　　　　　Link
(Network)

SAMSUNG　UBER

Organic Media Lab, 2015

Physical Element (H/W)

정보는 세상의 중심이 되고 연결은 세상을 지배하게 되었다. 여기서 예외가 될 수 있는 비즈니스는 더 이상 존재하지 않는다. 제1부에서는 연결된 세상에서 비즈니스를 이해하는 생각의 틀을 다룬다. 이를 위해 먼저 오가닉 비즈니스를 정의한다. 왜 가치의 중심이 물질에서 정보로, 사물에서 연결로 이동하는지, 왜 비즈니스를 살아 있는 네트워크의 관점에서 봐야 하는지, 왜 '티끌 모아 태산'의 법칙이 지배하는지에 대해 설명한다.

01

정보는 세상의 중심이 되고
연결은 세상을 지배한다
Network is Eating the World

세상이 변하고 있다. 모든 사람·기업들이 변화에 적응하지 않으면 살아남을 수 없다고 한다. 사물인터넷Internet of Things(이하 IoT), O2OOnline to Offline, Offline to Online(이하 O2O), 옴니채널Omni-channel, 핀테크Fintech, 빅데이터가 기회라고 하지만 머릿속을 더욱 혼란스럽게 만들고 있다.

10여 년간 구글, 아마존 등에 대해 강의하면서 느꼈던 점은 대부분 이러한 기업을 기존의 틀에 끼워 맞추려고 한다는 것이다. 일례로, 증권계에 종사하는 한 MBA 학생은 구글이나 페이스북 같은 기업은 거품에 불과하다고 주장하기도 했다(물론 한 학기 강의가 끝나고서는 생각이 바뀌었다). 이들 기업은 새로운 틀에서 만들어졌기 때문에 기존의 틀을 적용한다면 이해가 불가능할 수밖에 없다.

세상의
두 가지 변화

이 글에서는 모든 것이 연결되는 세상에서 살아남기 위해 반드시 가져야 할 사고의 틀에 대해 다루고자 한다. 두 가지 큰 변화를 짚어 보자.

우선, 정보기술의 발전은 가치의 중심을 물질Physical Elements/Atom/HW에서 정보Information/Bits/SW로 이동시켰다. 마크 앤드리슨Marc Andreesen의 "소프트웨어가 세상을 먹어치운다Software is eating the world"[1]라는 주장과 일맥상통한다. 예를 들어, 휴대폰 산업의 중심은 노키아나 삼성전자 같은 하드웨어 중심 기업에서 구글과 애플 같은 소프트웨어 중심 기업으로 이동했다.

하지만 가치의 중심이 물질에서 정보로 이동했다는 것만으로는 세상의 변화를 제대로 이해하기 어렵다. 예를 들어, 마이크로소프트가 소프트웨어(정보) 중심 기업이지만 인터넷과 스마트폰이 가져온 최근의 변화에 적응하는 데 어려움을 겪고 있다는 사실을 설명하기 어렵다. 그렇다면 어떤 변화가 일어나고 있기 때문일까?

가치의 중심이 노드Node/Thing/Device에서 링크Link/Connection/Network로 이동하고 있기 때문이다(네트워크에서 연결의 대상을 노드, 노드 간의 연결을 링크라 일컫는다). 이것이 두 번째 변화다. 《오가닉 미디어》[2]에서 "미디

---

1. Marc Andreessen, "Why Software Is Eating The World," *The Wall Street Journal*, Aug 20, 2011, http://online.wsj.com/news/articles/SB10001424053111903480904576512250915629460.

어는 네트워크"이고 "오직 연결의 가치만 남는다"고 주장한 것과 일맥 상통한다. 이러한 세상을 우리는 "연결이 지배하는 세상"이라 부른다.

하지만 가치의 중심이 노드에서 링크로 이동했다는 주장은 쉽게 받아들이기 어렵다. 이해한다 하더라도 머리로만 이해하고 가슴으로는 이해되지 않는 경우가 대부분일 것이다.

예를 들어 아무리 웹이라도 중요한 것은 콘텐츠(노드)이지, 하이퍼링크(링크)가 그렇게까지 중요한 것은 아니라고 생각한다. 그런데 현재의 웹에서 모든 하이퍼링크가 사라졌다고 가정해 보자. 웹은 더 이상 정보의 보고가 아니라 정보의 쓰레기 더미일 것이다. 구글은 자신의 검색 알고리즘(페이지 랭크[3])에 하이퍼링크의 가치를 최대한 이용하여 현재의 구글이 되었다.

그럼 지금부터 두 가지 변화에 대해 조금 더 구체적으로 살펴보고 연결이 지배하는 세상을 바라보는 틀을 이해해 보자.

정보, 세상의 중심이 되다
(소프트웨어가 세상을 먹어치우다)

우리는 물리적 세상에 살고 있다. 따라서 모든 사고가 물질을 중심으로 이루어진다. 하지만 이제 시장은 사고가 정보를 중심으로 이루어지기를

---

2. 윤지영, 《오가닉 미디어》, 21세기북스, 2014.

3. 조성문, 〈'쉽게 설명한' 구글의 페이지 랭크 알고리즘〉, 조성문의 실리콘밸리 이야기, 2012년 8월 26일, http://sungmooncho.com/2012/08/26/pagerank/.

요구하고 있다. 책을 예로 물질 가치와 정보 가치를 쉽게 이해해 보자.

책이라는 사물은 종이라는 물리적인 가치와 내용이라는 정보 가치로 이루어져 있다. 책을 구매하는 활동은 서점으로 이동하는 물리적인 부분과 책을 선택하기 위해 고민하는 정보적인 부분으로 나뉜다. 시장의 관점에서 보면 장소, 진열대 등이 물리적 가치이고, 책의 거래에 필요한 가격이나 베스트셀러 여부 등이 정보 가치에 해당한다.

그러면 여기서 정보 가치가 중심이 되었다는 것은 어떤 의미인가? 단순하게 보면 정보가 물질을 대체한다는 의미를 가진다. 인터넷 서점은 책을 구매하기 위해 서점에 가지 않아도 되게 했으며, 물리적인 장소도 불필요하게 만들었다.

하지만 그보다 더 중요한 관점은 이제 물질은 정보의 가치를 전달하기 위한 껍데기·컨테이너·형식·매개체에 불과하다는 것이다. 킨들

세상의 가치: 물질 vs. 정보

Organic Media Lab, 2015

	물질 가치 (Physical Value)	정보 가치 (Information Value)
사물 (Thing)	책의 종이	책의 내용
활동 (Activity)	책을 구매하기 위한 이동	책을 선택하기 위한 고민
시장 (Market)	서점 / 책의 진열대	책의 거래에 필요한 정보

Kindle과 같은 전자책 단말기는 전자책 서비스를 전달하는 껍데기다. 스마트폰 하드웨어는 스마트폰 운영체제(iOS, 안드로이드 등)와 애플리케이션의 가치를 전달하는 컨테이너[4]다. 껍데기에 집중했다면 아마존이 전자책 시장의 중심이 되고, 애플과 구글(안드로이드)이 스마트폰 시장의 중심이 될 수는 없었을 것이다.

하드웨어가 필요 없다거나 중요하지 않다는 것이 아니다. 다만 더 이상 중심이 아니라는 것이다. 예를 들어 테슬라[5]의 모델 S가 2년 연속 '올해의 차' 상을 수상한[6] 것은 소프트웨어 업그레이드를 통해 차의 가치(사용자 경험User Experience, 연비 등)를 더 높였기 때문이다(같은 모델이 2년 연속 '올해의 차' 상을 수상한 것은 처음이다). 하드웨어가 중심이고 소프트웨어가 그다음이라는 사고를 한다면 있을 수 없는 일이다.

연결, 세상을 지배하다
(네트워크가 세상을 먹어치우다)

우리는 물질 관점에서 세상을 보기도 하지만 모든 것을 사물(노드) 중심으로 생각한다. 대부분의 경우 사물은 보거나 만질 수 있지만 관계

---

4. 윤지영, 〈미디어의 3요소〉, 《오가닉 미디어》, 21세기북스, 2014.

5. 테슬라 모터스(Tesla Motors, Inc.)는 전기차를 만드는 회사로 엔진은 소프트웨어로 구성되어 있고 차량 에너지는 태양열로 충전한다. 세상을 태양열 에너지로 움직이게 하고자 하는 꿈을 하나씩 실천해 가고 있다. https://en.wikipedia.org/wiki/Tesla_Motors.

6. Victor Luckerson, "Tesla Model S Named Best Car for 2nd Year in a Row," *Time*, Feb 24, 2015, http://time.com/3721049/tesla-model-s-consumer-reports-car/.

는 보이지 않기 때문이다. 예를 들어 친구(노드)는 보이지만 친구와의 관계(링크)는 보이지 않는다. 하지만 이제는 링크 중심으로 사고해야 한다. 이것이 무슨 의미인지 알아보기 위해 노드의 가치와 링크의 가치를 비교해 보자.

책의 노드 가치는 책의 내용이다. 링크 가치는 참고문헌 등 그 책과 관련된 모든 책, 문서, 저자 등과의 관계다. 사업자의 활동(다음 쪽의 도표에서는 저자의 활동) 관점에서 보면, 책의 내용을 작성하는 것이 노드 가치를 높이는 것이고 책의 참고문헌을 작성하는 것이 링크 가치를 높이는 것이다.

또한 독자의 책 구매 행위를 위한 기능(예를 들어 구매 버튼)을 제공하는 것이 노드 가치라면 독자와 책, 그리고 독자와 판매자를 연결하는 것이 링크 가치다. 정리하면 노드 관점에서는 콘텐츠 또는 기능을 제품·서비스의 핵심적인 가치라고 보는 것이고, 링크 관점에서는 콘텐츠 또는 기능을 매개로 생성된 '연결'이 제품·서비스의 핵심 가치라고 보는 것이다.

링크의 가치가 중심이 되었다는 것은 세상을 네트워크의 관점에서 보아야 한다는 것[7]을 의미한다. 노드는 연결의 대상일 뿐이다. 연결이 모여 네트워크를 만들고, 이 네트워크의 가치가 노드 가치의 합보다 더욱 커지는 것이다.

웹에서 웹 문서를 연결하는 하이퍼링크 하나하나는 미미한 가치를

---

7. 윤지영, 〈미디어의 진화와 오가닉 마케팅〉, 오가닉미디어랩, 2015년 5월 8일, http://organicmedialab.com/2015/05/08/media-evolution-and-organic-marketing/.

세상의 가치: 노드 vs. 링크

Organic Media Lab, 2015

	노드 가치 (Node Value)	링크 가치 (Link Value)
사물 (Thing)	내용 (Contents)	참고문헌 (References)
활동 (Activity)	쓰기 (Publish)	참조하기 (Refer)
시장 (Market)	구매하기 (Buy)	판매자 찾기 (Match)

연결이 지배하는 세상에서는 가치의 중심이 노드에서 링크로 이동했다. 이제 노드는 링크를 만들기 위해 존재한다.

가지고 있지만 이들이 모여 만드는 네트워크의 가치는 모든 문서의 내용의 가치보다 훨씬 더 크다. 앞에서 언급했듯이 구글 검색은 이 네트워크의 가치를 최대한 활용한다. 인스타그램Instagram의 핵심 가치는 사진을 예쁘게 만드는 필터 기능이나 공유 기능에 있는 것이 아니라 이를 기반으로 만들어진 네트워크에 있다고 보는 것이다.

또한 사용자의 수보다는 '얼마나 많은 관계가 만들어지고 이를 활용하는지'가 더욱 중요하다. 페이스북은 세상의 모든 사람을 연결하고 그 네트워크의 가치를 기반으로 수익을 창출한다.

아마존은 연결의 관점에서 상거래에 접근한다. 아마존의 제프 베조스Jeff Bezos는 "우리는 고객에게 상품을 팔아서가 아니라 고객의 구매 의사 결정을 도와줌으로써 돈을 번다"[8]고 했다. 아마존은 고객이 상품을 발견하고 선택할 수 있도록 도와주고, 그 상품을 판매하는 판매자와 연결함으로써 가치를 제공한다. 이러한 연결의 결과는 네트워크가 되고, 이 네트워크는 아마존의 가장 큰 자산이 된다.[9]

노드 가치가 필요 없다거나 더 이상 중요하지 않다는 것이 아니다. 연결이 가치의 중심이 되는 세상에서는 연결되지 않은 노드들이 갖는 가치는 연결된 노드들이 만드는 네트워크의 가치에 비해 상대적으로 미약할 수밖에 없다는 것이다.

예를 들어 택시와 우버Uber를 비교해 보자. 겉보기에는 우버도 택시와 같은 운송 서비스를 제공한다. 하지만 노드와 링크 관점에서 본다면, 택시는 연결되지 않은 택시(노드)들의 집합이고 우버는 우버 차량과 승객 간의 연결이 만들어 내는 네트워크다. 두 서비스는 완전히 다른 가능성을 가지고 있다. 택시의 수가 아무리 많아져도(실제로 더 많아질 수도 없다) 자가용을 대체할 수 없지만, 우버의 네트워크가 성장하면 우리는 더 이상 자가용을 소유하지 않아도 될 수 있다.

비즈니스 가치의 4가지 유형

지금까지 논의한 물질–정보의 축과 노드–링크의 축을 기반으로 비즈니스 가치를 다음 그림과 같이 네 가지 유형으로 나눠 볼 수 있다.

---

8. "Jeff Bezos on Leading for the Long-Term at Amazon," *Harvard Business Review*, Jan 03, 2013, https://hbr.org/ideacast/2013/01/jeff-bezos-on-leading-for-the.html.
9. 윤지영, 〈아마존은 왜 오가닉 미디어인가?〉, 《오가닉 미디어》, 21세기북스, 2014.

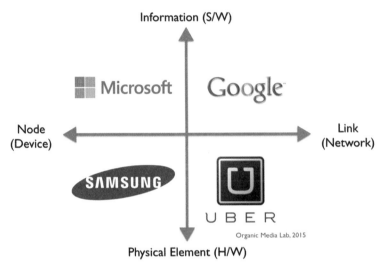

비즈니스의 가치를 물질-정보 축과 노드-링크 축으로 크게 네 유형으로 나눠 볼 수 있다.

물질·노드(오프라인 기능)

하드웨어 등 물리적인 제품 또는 오프라인 서비스의 기능을 기반으로 한 비즈니스다. 노트북, 핸드폰 등의 하드웨어 기기를 생산·판매하는 삼성전자가 대표적인 사례다. 삼성전자뿐 아니라 거의 대부분의 기업이 이 유형에 속한다. 유통업에서는 물리적인 장소와 재고에 기반을 둔 월마트Wal-mart가 이 유형에 속한다.

하지만 앞으로는 이 유형의 가치만 제공해서는 살아남기 어렵다. 아이리버(MP3 플레이어),[10] 블록버스터(비디오 대여점),[11] 보더스(서점) 등의 파산[12]은 이러한 현상을 절실히 보여준다.

정보·노드(온라인 기능)

소프트웨어나 콘텐츠 등의 정보 제품 또는 온라인 서비스의 기능을 기반으로 한 비즈니스다. 이 유형은 텔레비전, PC, 인터넷 등의 정보기술 발전과 함께 나타났다. 우리에게 너무나 익숙한 윈도와 오피스라는 소프트웨어 패키지를 생산·판매하는 마이크로소프트가 대표적인 사례다.

마이크로소프트, 오라클, SAP[13] 같은 소프트웨어 기업뿐 아니라 홈쇼핑, 인터넷 쇼핑몰 등이 이에 속한다. 마이크로소프트와 같은 기업은 기업의 핵심 가치가 하드웨어에서 소프트웨어로 전환하는 데 지대한 역할을 했지만 네트워크 기반 비즈니스(예를 들어 구글 안드로이드)로부터 위협받은 지 오래다.

정보·연결(온라인 네트워크)

온라인에서 사용자, 구매자, 판매자, 제품 간의 연결을 기반으로 한 비즈니스다. 이 유형은 웹의 출현과 함께 나타났으며 구글, 아마존, 페이

---

10. 아이리버가 파산했다는 주장에 이견이 있을 수 있다. 현재는 고급화 전략으로 회생했지만 노드 중심의 사고에서 벗어나지 못했기 때문에 파산의 위기까지 갔고, 장기적인 관점에서 성공은 쉽지 않아 보인다.

11. Machael J. De La Merced, "Blockbuster, Hoping to Reinvent Itself, Files for Bankruptcy," *New York Times*, Sep 23, 2010, http://www.nytimes.com/2010/09/24/business/24blockbuster.html.

12. Julie Bosman and Machael J. De La Merced, "Borders Files for Bankruptcy," *New York Times*, Feb 16, 2011, http://dealbook.nytimes.com/2011/02/16/borders-files-for-bankruptcy/.

13. 독일의 ERP 전문 소프트웨어 회사.

스북이 대표적인 기업이다. 구글은 콘텐츠─생산자─소비자를 연결하는 네트워크를 만든다. 아마존은 상품─판매자─구매자를 연결하는 네트워크를 만든다. 페이스북은 친구와 친구의 소식을 연결하는 네트워크를 만든다.[14]

이러한 비즈니스는 기능 관점(검색, 상거래, 친구 맺기)에서는 쉽게 복제할 수 있지만 네트워크 관점에서는 복제가 불가능하다. 이러한 점이 마이크로소프트 같은 기업도 연결을 기반으로 한 비즈니스로 진입하기 어렵게 만든다.

물질·연결(온·오프라인 네트워크)

온라인의 사용자, 구매자, 판매자, 제품뿐 아니라 오프라인의 사물, 공간 등의 연결을 포함하는 비즈니스다. 이 유형은 스마트폰의 등장과 함께 가시화되었다. 대표적으로 우버를 들 수 있다. 일부 공유 경제 Collaborative Consumption[15] 비즈니스와 IoT 비즈니스가 이에 속한다. 물론 IoT를 'Thing(기능)'의 관점이 아니라 'Internet(네트워크)'의 관점[16]에서 볼 때 말이다.

이 유형에서 유의할 점은 링크 가치가 정보 가치를 내포한다는 점이다. 물질적인 가치(예를 들어 자동차 하드웨어)가 필요하지만 핵심적인 가

---

14. 윤지영, 〈미디어 네트워크의 진화〉, 《오가닉 미디어》, 21세기북스, 2014.
15. Rachel Botsman & Roo Rogers, "Beyond Zipcar: Collaborative Consumption," Oct 2010, https://hbr.org/2010/10/beyond-zipcar-collaborative-consumption/.
16. 윤지영, 〈연결의 6하원칙과 IoT 네트워크〉, 오가닉미디어랩, 2014년 12월 29일, http://organicmedialab.com/2014/12/29/5w1h-of-connection-and-iot-network/.

치는 정보와 연결에서 나온다는 것이다. 이렇게 세 번째와 네 번째 즉 연결의 가치를 기반으로 한 비즈니스를 우리는 '연결 비즈니스' 또는 '오가닉 비즈니스Organic Business'라 부른다(오가닉 비즈니스에 대한 정의는 다음 글에서 자세히 다룬다).

모든 비즈니스가
오가닉 비즈니스다

이제는 하드웨어를 만드는 기업이건, 오프라인에서 유통하는 기업이건 연결의 가치를 활용하고 네트워크라는 자산을 쌓지 못하면 살아남을 수 없다. 이러한 비즈니스는 다음과 같은 특징을 가진다. 이러한 특징을 근본적으로 이해하지 못하면 오가닉 비즈니스로의 진화는 불가능하다.

네트워크 효과를 가진다

오가닉 비즈니스는 이른바 네트워크 효과network effects를 기반으로 한다. 하지만 네트워크 효과에 대한 어설픈 이해가 오가닉 비즈니스로의 진화를 가로막는다. 다음과 같은 이유로 삼성의 챗온이 카카오톡을 이기지 못한 것이다.[17]

첫째, 네트워크 효과는 사용자node의 수에 비례하여 기하급수적

---

17. Richard Trenholm, "Samsung ChatOn will be turned off in February," CNET, Dec 19, 2014, http://www.cnet.com/news/samsung-chaton-will-be-turned-off-in-february/.

exponential으로 증가하는 것이 아니라 연결link의 수에 정비례하여 증가한다. 아무리 사용자 수가 많아도 연결이 없다면 네트워크의 가치는 만들어지지 않는다.

둘째, 네트워크 효과가 있다는 것은 초기에는 제품·서비스의 가치가 0이라는 것을 의미한다. 또한 기하급수적으로 증가하더라도 상당 기간 가치는 0에서 벗어나지 않는다는 것을 의미한다.

공짜로 돈을 번다

오가닉 비즈니스는 정보(소프트웨어)를 기반으로 한다. 따라서 공짜가 될 수밖에 없는 운명을 지니고 태어났다. 공짜 제품·서비스를 기반으로 수익을 창출하는 전략은 예외가 아니라 기본이 되었다. 오가닉 비즈니스에서는 서비스 모델(어떤 가치를 줄 것인가)과 수익 모델(어떻게 돈을 벌 것인가)을 분리해서 생각할 수밖에 없게 되었다. 구글의 서비스 모델은 검색이지만 수익 모델은 광고다.

무한대의 규모를 가진다

물질(오프라인) 기반의 비즈니스에서는 상상할 수 없었던 규모가 여기서는 가능해진다. 이는 두 가지 이유 때문에 가능하다. 첫째, 정보는 무한대로 복제할 수 있다. 둘째, 네트워크는 사용자 등의 참여를 기반으로 무한 확장이 가능하다. 월마트가 파는 품목이 수십만 종류라면 아마존이 파는 품목은 수천만 종이다.

유기적으로 성장하고 진화한다

사용자, 구매자, 판매자 등의 참여가 네트워크를 만든다. 따라서 기업이 의도한 대로 네트워크가 성장하거나 진화하지 않는다. 네트워크 자체가 생명력을 가지고 성장하고 진화한다.[18] 마치 아이가 부모 마음대로 크지 않는 것과 마찬가지다.[19]

많은 기업이 플랫폼을 꿈꾸며 제품·서비스를 만든다. 하지만 대부분 꿈으로 끝나는 이유는 플랫폼의 기능에 집중하기 때문이다. 플랫폼의 역할에 충실한 기능을 개발하면 사용자의 참여는 따를 것이라고 착각하는 것이다. 멍석을 깔아 준다고 사람들이 와서 놀지는 않는다.

이러한 관점에서 본다면 기업의 핵심 역량은 제품·서비스를 만드는 데 머물러서는 안 된다. 사용자의 참여를 이끌어 내고 네트워크가 잘 성장하고 진화하도록 도와주는 역할까지 포함해야 할 것이다.

이 글은 이 책의 예고편이자 나침반이다. 여기서 언급된 비즈니스 개념과 특성, 원리, 전략 등이 이 책의 구석구석에서 상세하게 다루어질 것이다.

18. 윤지영, 〈진화하지 않으면 죽는다〉, 《오가닉 미디어》, 21세기북스, 2014.
19. 〈윤지영 저자와의 만남 "오가닉 미디어란 무엇인가?"〉, 북포럼 339회, 2014년 4월 17일, https://www.youtube.com/watch?v=tC0FE38Kl5s.

02 오가닉 비즈니스는 살아 있는 네트워크다
Organic Business as a Living Network

2015년 7월 23일, 역사적인 사건이 일어났다. 아마존의 주가가 하루 만에 20% 폭등하며 월마트의 시가총액을 추월한 것이다.[1] 설상가상으로 아마존에게 수모를 당한 지 불과 몇 달 뒤에 이번에는 월마트 주가까지 폭락하면서[2] 시가총액의 차이는 더욱 벌어졌다(2015년 10월 기준으로 약 100조 정도 차이가 난다).

1. Stephen Foley, "Amazon overtakes Walmart in market value after unexpected profit." *Financial Times*, Jul 23, 2015, http://www.ft.com/intl/cms/s/0/8b082990-3177-11e5-8873-775ba7c2ea3d.html.
2. Shannon Pettypiece, "Wal-Mart Tumbles Most in 15 Years After Predicting Profit Slump," *Bloomberg Business*, Oct 14, 2015, http://www.bloomberg.com/news/articles/2015-10-14/wal-mart-tumbles-after-predicting-drop-in-fiscal-2017-earnings.

월마트와 아마존(Wal-Mart vs. Amazon in 2014)

Organic Media Lab, 2015

구분	Wal-Mart	Amazon	비고
매출액[1]	$485B	$83B[2]	1. 2014 회계년도 2. 비유통 매출 $5.6B 제외 3. Gross Merchandise Volume(GMV): 판매자가 판매한 경우 수수료만이 매출로 잡히기 때문에 매출액보다는 거래규모가 유통업체를 비교하는 지표로서 사용됨
영업이익[1]	$27B	$0.18B	4. 2015년도 아마존 Annual Report: 판매자 판매제품 비율 40%, 판매제품수 20억개(평균단가 아마존 직접 판매와 동일, 거래수수료 15% 가정)에 근거하여 추정
거래규모[3]	$485B	$125B[4]	5. 2015.10.23 현재 6. 일반적인 수퍼센터 보유 품목수(http://news.walmart.com/news-archive/2005/01/07/our-retail-divisions)
시가총액[5]	$187B	$280B	7. 아마존 프라임 무료배송 서비스 가능 품목수(http://blogs.wsj.com/digits/2015/06/12/amazon-expands-prime-with-goods-shipped-directly-from-merchants/)
거래품목수	142,000[6]	20M[7]	8. http://corporate.walmart.com/our-story/locations 9. http://www.businessinsider.com/amazon-has-more-employees-and-robots-2015-1
종업원수	2.2M[8]	0.15M[9]	10. http://corporate.walmart.com/our-story/locations
매장수	11,504[10]	0	11. http://corporate.walmart.com/our-business/logistics
배송센터수(미국내)	158[11]	73[12]	12. http://www.mwpvl.com/html/amazon_com.html

월마트와 아마존은 같은 소매산업에 속해 있지만 서로 구조적으로 완전히 다른 비즈니스다.

얼마 전까지만 해도 월마트는 소매시장에서 절대 강자였다. 2010년 기준 매출은 아마존의 12배에 달했고[3] 2014년 기준으로도 두 회사의 매출 규모는 여전히 5배 이상 차이가 난다. 이익 규모는 말할 것도 없다. 그럼에도 왜 시장의 가치 측면에서는 아마존이 훨씬 더 높게 평가받게 된 것일까? 왜 이런 일이 벌어지는가?

비즈니스의 본질이 완전히 다르기 때문이다. 월마트와 아마존은 같

---

3. Jolie O'Dell, "Who's Winning: Walmart or Amazon?" *Mashable*, Jun 21, 2011, http://mashable.com/2011/06/20/amazon-walmart-infographic/.

은 소매시장에서 경쟁하지만 거래의 대상, 비즈니스 방식, 비즈니스의 가치가 완전히 다르다. 이 글은 월마트와 아마존의 사례를 통해 오가닉 비즈니스를 정의하고 쟁점을 이해하는 것을 목적으로 한다.

오가닉 비즈니스의 정의

오가닉 비즈니스 관점에서 보면 모든 비즈니스는 살아 있는 네트워크다. 그러므로 오가닉 비즈니스란, 고객 간의 작은 연결(가치)에서 시작하여 네트워크를 만들고, 이 네트워크를 자산으로 더 많은 연결(가치)을 만드는 비즈니스라 할 수 있다.

정보기술의 발전은 문서의 연결(월드와이드웹)에서 출발하여, 사람과 상품의 연결(인터넷 상거래), 사람의 연결(소셜 네트워크 서비스), 사물의 연결(IoT)에 이르기까지 모든 것의 연결을 가능하게 했고, 이러한 연결의 결과로 만들어지는 네트워크는 기존에는 불가능했던 새로운 가치를 창출했다.

구글은 월드와이드웹이라는 네트워크를 기반으로 콘텐츠 생산자와 소비자를 연결하는 네트워크다. 아마존은 구매자·상품·판매자를 연결하는 네트워크, 페이스북은 친구들의 네트워크다. 그런가 하면 우버는 운전사·차량·탑승객의 네트워크를 만들어 기존의 많은 비즈니스를 도산시키거나 위태롭게 했고, 기존의 상식으로는 이해할 수 없는 기업 가치를 만들고 있다.

고객을 내가 만든 제품·서비스를 파는 대상으로만, 제품·서비스를 고객에게 팔 물건으로만 생각하는 것(즉 노드 가치의 관점에서만 보는 것)은 스스로 사고와 행동을 제한하는 것이다. 이제는 비즈니스의 본질을 제품·서비스를 매개로 고객과 고객, 제품과 고객 등을 연결하는 것, 즉 링크 가치의 관점에서 이해해야 한다. 그 결과 만들어지는 네트워크가 비즈니스의 가장 중요한 자산이다.

거래의 대상이 '연결'이다

아마존의 제프 베조스는 〈하버드 비즈니스 리뷰Harvard Business Review〉와의 인터뷰에서 아마존의 상거래 비즈니스에 대해 다음과 같이 이야기했다.

"우리는 물건을 팔아서 돈을 버는 것이 아니라 고객의 구매 의사결정을 도와서 돈을 번다.We don't make money when we sell things. We make money when we help customers make purchase decisions."[4]

이는 전통적인 비즈니스와 오가닉 비즈니스의 관점 차이를 명확히 나타낸다. 월마트와 같은 전통적인 비즈니스에서는 제품 그 자체가 거래의 대상인 반면 오가닉 비즈니스에서는 연결이 거래의 대상이다.

---

4. "Jeff Bezos on Leading for the Long-Term at Amazon," *Harvard Business Review*, Jan 03, 2013, https://hbr.org/ideacast/2013/01/jeff-bezos-on-leading-for-the.html.

아마존의 상품 상세 페이지(Amazon's Single Detail Page)

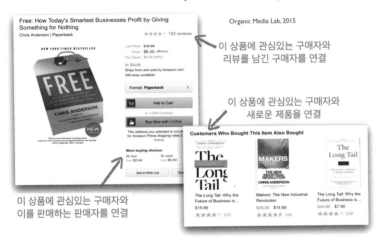

일반적인 오픈 마켓에는 하나의 상품에 대해 판매자마다 각각의 상세 페이지가 있는 것과는 달리 아마존에는 상품 하나에 상세 페이지가 하나만 존재한다. 예를 들어, 프리(Free)라는 책에 대한 상세 페이지에는 이에 대한 리뷰, 이를 파는 판매자, 이와 연관된 책들에 대한 정보가 모여 있어 구매자가 구매 의사를 결정하기가 매우 쉽다.

1) 무엇을 연결하는가?

여기서 연결이란 상품 또는 거래 대상을 발견하고, 선택하고, 경험하고, 공유하는 등의 과정[5]과 결과를 말한다. 월마트는 공급자로부터 상품을 사서 소비자에게 파는 기업이라면, 아마존은 구매자와 상품을, 상품과 상품을, 구매자와 판매자3rd party seller를 연결하는 서비스(정보)를 파는 기업이라 할 수 있다.

---

5. 윤지영, 〈컨텍스트의 4 요소〉, 오가닉미디어랩, 2015년 4월 15일, http://organicmedialab.com/2015/04/15/4-elements-of-context/.

이는 아마존의 상품 상세 페이지에도 잘 나타나 있다. 아마존은 일반적인 오픈 마켓(예를 들어 이베이, 11번가)과는 달리 상품 하나에 하나의 상세 페이지만이 존재한다. 이는 월마트 온라인 같은 인터넷 쇼핑몰과 유사하다. 하지만 유사한 점은 여기서 끝이다. 이 페이지는 마치 인터넷 백과사전인 위키피디아와 같은 원리로 생성·유지된다.

상품 상세 페이지는 판매자(판매자로서의 아마존을 포함)들이 생성하고 관리할 수 있으며, 이미 상품 상세 페이지가 존재하는 경우 판매자는 가격 및 배송 정보만 입력하여 그 상품을 판매할 수 있다. 구매자는 어떤 판매자에게서 상품을 구매했는지와 관계없이 이 하나의 페이지에 리뷰를 남긴다. 구매자의 구매 행위는 '이 상품을 구매한 사람이 구매한 상품' 등으로 정보화되어 상품 정보를 더욱 풍부하게 만든다.

이러한 상품 상세 페이지는 상품을 구매할 것인지(구매자와 상품의 연결), 어떤 판매자로부터 구매할 것인지(구매자와 판매자의 연결)를 결정하고, 관련된 상품을 발견(상품과 상품의 연결)하는 것을 너무나 잘 도와준다[이미 20년 된 아마존 단골 고객(나)의 증언이기도 하다].

그뿐만이 아니다. 아마존은 판매자들도 구매자들과 잘 연결될 수 있도록 다양한 상품·고객 분석 정보를 제공하고 ('Fulfilment by Amazon' 서비스를 이용하는 경우에는) 상품의 보관 및 발송까지 책임진다.

2) 왜 연결이 중요한가?

연결이 중요해진 이유는 더 이상 세상이 희소함scarcity에 지배되지 않기 때문이다. 그동안 비즈니스의 기본 가정이었던 지면과 진열대의 희소함, 공급의 제약, 제한된 대안choice은 더 이상 유효하지 않다. 이제 우리는 정보와 제품의 홍수, 무한한 대안으로 고통받고 있다. 우리에게 부족한 것은 시간뿐이다. 이러한 상황에서 고객의 소중한 시간을 아껴 주고, 잘 쓸 수 있도록 도와주는 것(쉽게, 잘, 빨리 연결하는 것)이 더욱더 중요해질 수밖에 없다.

　이런 현상은 상거래뿐 아니라 운송(우버), 숙박(에어비앤비), 금융(렌딩클럽LendingClub) 등 모든 분야에서 나타나고 있다. 우버는 탑승객과 운전사를, 에어비앤비는 여행객과 집주인, 렌딩클럽은 투자자와 대출을 원하는 사람을 연결한다.

3) 물질이 아니라 정보다

'연결을 판다'는 관점에서 보면 소프트웨어·정보가 비즈니스의 중심이 될 수밖에 없다. 정보는 물리적인 재화와는 매우 다른 성격을 가지고 있기 때문에 생산하는 방법, 가치를 창출하는 방법, 수익을 창출하는 방법 등이 기존에 물리적인 재화에 적용되던 방법과는 판이하다.

　물리적인 부분은 가치를 전달하기 위한 껍데기·컨테이너가 되어 가고 있다. 영화 대여 시장에서 넷플릭스Netflix 때문에 파산한 블록버스터Blockbuster의 매장은 자산이 아니라 부채였다. 월마트의 매장도 크게 다르지 않을 것이다. 우버는 차량을 한 대도 가지고 있지 않고, 에어비앤비는 건물을 한 채도 소유하고 있지 않으며, 렌딩클럽은 지점이 없다.

고객이 만드는
네트워크다

아마존은 2억 구매자, 200만 판매자,[6] 200만 협력자associate[7, 8] 등의 아마존 고객이 상품을 매개로 만드는 네트워크다. 이를 단순화해 표현하면 다음 쪽의 그림과 같다.

1) 네트워크는 고객이 만든다

여기서 첫 번째로 주목할 점은 아마존이 네트워크라는 것이다. 따라서 판매자로서의 아마존을 다른 판매자와 마찬가지로 노드로 표현했다.

두 번째로 주목할 점은 상품과 이에 대한 (광고) 포스트를 매개로 고객들이 연결되어 있다는 것이다. 막연히 고객들이 (직접) 연결된 것이 아니라 구체적으로 무엇을 매개로 어떻게 연결되어 있는지를 표현했다.

마지막으로, 하지만 가장 주목할 점은 이 네트워크를 아마존이 아니라 고객이 만든다는 것이다. 아마존의 역할은 고객들이 연결을 잘 할 수 있도록 도와주는 것이다. 고객 또는 사용자의 참여는 과거에는

---

6. Sarah Perez, "Amazon's Record Holiday Season Boosted Its Third-Party Sellers Marketplace, Too: Sales Up 40% Year-Over-Year," *TechCrunch*, Jan 2, 2013, http://techcrunch.com/2013/01/02/amazons-record-holiday-season-boosted-its-third-party-sellers-marketplace-too-salesup-40-year-over-year/.
7. "How Many Affiliates Are Registered With Amazon Associates Program?," *An Amazon Affiliate Blog*, Jul 30, 2008, http://amazonaffiliate.wordpress.com/2008/07/30/how-manyaffiliates-are-registered-with-amazon-associates-program/.
8. 협력자는 오가닉미디어랩과 같이 아마존이 판매하는 상품에 링크를 걸거나 광고를 게재하고 이를 통해 판매가 일어난 경우 수수료를 받는 주체들이다.

아마존은 네트워크다(Amazon as a Network)

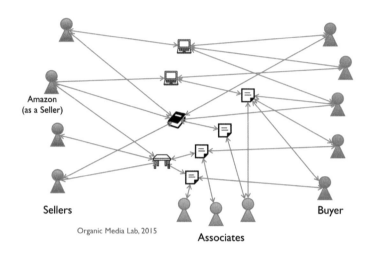

아마존은 고객(구매자, 판매자, 협력자)의 참여에 의해 성장하고 진화하는, 상품을 매개로 연결된 고객 간의 네트워크다. 아마존은 이러한 네트워크이기도 하지만 판매자로서의 역할도 한다.

상상할 수도 없는 형태와 규모의 네트워크를 가능하게 하며, 이러한 네트워크는 참여자들에 의해 마치 생명체처럼 성장하고 진화한다[생명체처럼 성장하고 진화한다는 의미에서 '오가닉(유기적) 비즈니스'다].

월마트가 전 세계 1만 1000여 개 매장에서 220만 명의 종업원을 고용하여 14만여 종류의 상품을 판매하는 반면, 아마존이 0개의 매장[9]에서 15만 명의 종업원을 고용하여 수천만 종류의 상품을 판매할 수

---

9. 최근에 아마존 북스토어가 시애틀에 개장되면서 1개로 늘었다.

있는 것은 2억 400만 고객들이 아마존을 위해서 일하기 때문이다.

2) 오프라인까지 확장된다

이러한 아마존의 네트워크는 온라인에만 머무는 것이 아니라 오프라인으로 확장되고 있다. 아마존은 월마트 같은 물리적 매장에 진열된 상품을 스캔하여 바로 구매할 수 있도록 하는 다양한 서비스(PriceCheck,[10] Firefly[11] 등)를 제공하고 있는데 이는 아마존 네트워크를 물리적 공간으로 연결·확장하는 시도라 할 수 있다.

이렇듯 참여자 간의 네트워크를 기반으로 재화를 생산하고, 유통하고, 공유하고, 소비하는 오가닉 비즈니스 방식(이른바 위키노믹스, 크라우드 소싱, 집단지성)은 상거래, 숙박업, 금융업 등 모든 비즈니스와 산업에 영향을 미치고 있다.

네트워크가
자산이다

아마존의 가장 큰 자산은 상거래를 가능케 하는 소프트웨어 플랫폼

---

10. Lance Whitney, "Amazon PriceCheck app: Use it, get a discount," *CNET*, Dec 7, 2011, http://news.cnet.com/8301-1023_3-57338378-93/amazon-pricecheck-app-use-it-geta-discount/.
11. Sarah Perez, "Amazon's Fire Phone Introduces Firefly, A Feature That Lets You Identify (And Buy!) Things You See In The Real World," *TechCrunch*, Jun 18, 2014, http://techcrunch.com/2014/06/18/amazons-fire-phone-introduces-firefly-a-feature-that-lets-you-identify-and-buythings-you-see-the-real-world/.

이나 최첨단 배송 센터가 아니라 고객들이 만들어 낸 네트워크다. 앞에서 언급했듯이 아마존의 경우 구매자, 판매자, 협력자 간에 다양하고 복잡한 연결 관계가 형성된다. 이러한 연결은 명시적explicit이며 영구적permanent인 기록으로 쌓여 네트워크(최근 용어로는 빅데이터)를 형성한다.

1) 네트워크는 복제가 불가능하다

오가닉 비즈니스에서 이렇게 형성된 네트워크가 가장 핵심적인 자산이라고 하는 것은 소프트웨어의 기능과 달리 벤치마킹(복제)이 불가능하기 때문이다. 구글이 20년간 쌓은 네트워크, 아마존이 20년간 쌓은 네트워크, 페이스북이 10년간 쌓은 네트워크를 하루아침에 복제한다는 것은 불가능하다.

자산으로서의 네트워크는 비즈니스를 다른 제품·서비스와 차별화시키고 온리원이 되도록 만드는 기반이다.

2) 연결을 가속화한다

네트워크(즉 이전의 연결 기록들)는 다음 연결에 영향을 미치게 되고 연결이 가속화되면서 네트워크는 더욱 거대해지고 복잡해진다. 이렇게 형성된 네트워크는 기존의 물리적 시장에서는 상상할 수 없는 규모와 가치를 지니게 된다.

아마존의 경우 20년간 수억 명의 구매자, 수백만 판매자와 협력자 사이에 수천만 종류의 제품이 거래되면서 네트워크가 형성되었다. 이러한 네트워크를 기반으로 아마존은 구매자와 제품과 판매자를 더욱

플랫폼과 네트워크(Platform vs. Network)

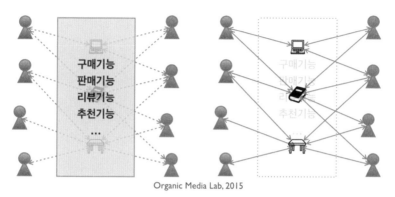

Organic Media Lab, 2015

Amazon as a Platform　　　**Amazon as a Network**

아마존을 플랫폼 관점에서 보면 구매, 판매, 리뷰, 추천 등의 기능의 가치에 가려져서 이러한 플랫폼을 기반으로 하여 정작 네트워크를 키워야 한다는 사실을 보지 못하는 경우가 많다.

잘 연결하고 있다.

　이 글에서 이른바 '플랫폼'이 아니라 네트워크의 관점으로 비즈니스를 보는 것은 플랫폼의 개념이 중요하지 않아서가 아니다. 플랫폼의 개념이 생태계의 개념으로까지 확장되었지만 컴퓨터 운영체제Operating System, OS의 개념에서 출발하여 발전했기 때문에 여전히 플랫폼을 블랙박스로 여기고 이들이 제공하는 기능을 우선적으로 생각하기 때문이다. 일례로 가장 대표적인 플랫폼 전문가인 토머스 아이젠만Thomas Eisenmann도 플랫폼을 "사용자 간의 상호작용을 가능케 하는 일련의 구성 요소와 규칙"으로 정의했다.[12]

　네트워크의 개념을 사용한다고 해도 여전히 사용자 간의 네트워크를 암묵적implicit으로 생각한다. 따라서 플랫폼을 꿈꾸는 많은 기업들이 좋은 기능을 제공하면 사용자들이 알아서 네트워크를 형성할 것이라고 가정한다. 하지만 그런 일은 더 이상 일어나지 않는다.

비즈니스를 네트워크의 관점으로 보게 되면 사용자들에게 어떤 기능을 제공할 것인지가 아니라 이들을 어떻게 연결시킬 것인지, 이러한 연결 하나하나를 쌓아서 어떻게 가치 있는 네트워크를 키워 갈 것인지를 고민하게 될 것이다.

12. Thomas Eisenmann, *Platform-Mediated Networks: Definitions and Core Concepts*, HBS #807-049, 2006.

03 오가닉 비즈니스, 티끌 모아 태산이다

Little Drops of Water Make the Mighty Ocean in Organic Business

얼마 전 한 대기업의 IoT 관련 부서에서 스마트 단추(즉 단추 모양의 스마트 태그)를 제안했다가 우리가 단추나 팔아서 되겠냐는 피드백을 받았다고 한다. 물론 스마트 단추 비즈니스가 현실화되기까지는 여러 가지 어려움이 따를 수 있겠지만 이는 우리 경영진들의 사고의 틀을 단적으로 보여준다. 단추 하나하나는 하찮은 가치를 가지고 있겠지만 단추가 모이고 이들이 연결되면서 만들어 내는 가치는 생각보다 훨씬 더 클 수 있다.

하지만 전통적인 사고의 틀을 지닌 경영자들에게 이를 가슴으로 이해시키는 것은 정말 어려운 일이다. 왜 그런가? 이는 단추 하나의 가치가 비즈니스를 만들기에는 너무 작다고 생각하고 이들이 만들어 낼 네트워크(의 가치)를 보지 못하기 때문이다.

예를 들어, 구글은 어떻게 보면 하나하나는 매우 하찮은 웹상의 페이지와 링크를 모아 상상을 초월하는 가치를 만들어 낸 기업이다. 우리에게 보이는 부분은 구글의 극히 일부분이다. 구글의 검색이 가능하려면 수십만 대의 컴퓨터가 30조 이상의 웹페이지[1]에 대한 색인(책의 색인이라고 생각하면 된다)을 만들어야 하는데, 이 색인의 크기만 1억 기가바이트가 넘는다고 한다. 또한 매달 1000억 회 이상 검색이 이루어진다.

우리가 상상하기 어려운 규모의 설비(하드웨어·소프트웨어)와 이에 담긴 정보가 어디엔가 존재하고 있는 것이다. 《웹 진화론》의 저자 우메다 모치오梅田望夫는 이를 정보 발전소에 비유했다.[2] 마치 우리가 발전소를 보지는 못하지만 대규모의 설비가 존재하고 이러한 설비로부터 전기를 공급받는 것과 같다.

우메다 모치오는 일본의 IT 기업 임원들에게 구글 같은 기업에 대해 설명하면서 항상 "신발을 신은 채로 발을 긁어 주고 있다"는 느낌을 지울 수 없었다고 말한다. 경영진들이 흥미롭게는 생각하지만 다른 세상 이야기 정도로 듣거나 구글 같은 기업이 가져오는 변화에 대해 대수롭지 않게 생각하는 경우가 대부분이었다고 한다. 최근에는 많이 달라지기는 했지만 나도 항상 강의하면서 겪는 어려움이다.

이 글에서는 구글 같은 기업이 어떻게 가치를 만드는지 살펴보고

1. Sarah Perez, "Google Explains How Search Works, Complete With Live Spam Slideshow," *TechCrunch*, Mar 1, 2013, http://techcrunch.com/2013/03/01/google-explains-how-searchworks-complete-with-live-spam-slideshow/.
2. 우메다 모치오, 《웹 진화론》, 재인, 2006.

오가닉 비즈니스가 왜 '티끌 모아 태산' 비즈니스인지 알아보려 한다.

티끌 모아
태산

구글, 아마존, 페이스북처럼 네트워크 세상에서 성공한 기업은 공통적으로 엄청난 규모와 확장성Scalability을 가지고 있다. 왜 이런 현상이 벌어지는 것인가? 우연인가? 아니다. 연결이 지배하는 세상에서는 기존에는 버려지던 하찮은 (연결) 가치를 수도 없이 모아 의미 있는 가치를 창출하기 때문이다.

우메다 모치오는 거지를 예로 들어 연결이 지배하는 세상에서 가치를 창출하는 법에 대해 설명했다. 전통적인 거지가 구걸하는 방법이 하루에 1000원씩 10명에게 구걸해 1만 원을 버는 것이라면 네트워크 세상의 거지는 하루에 1원씩 1억 명에게 구걸해 1억 원을 번다. 전통적인 거지가 구걸할 때 적어도 몇 백 원에서 천 원은 주어야지, 1원을 준다면 욕을 먹을 것이다. 왜 1원을 주면 욕을 먹을까? 거지 입장에서는 1원을 구걸하는 데 드는 비용(시간과 노력)을 생각하면 수지 타산이 전혀 맞지 않기 때문이다.

이와는 반대로 네트워크 세상의 거지는 클릭 한 번 할 때마다 1원씩 적선을 받는 웹사이트를 만들어 놓고 전 세계 사람을 대상으로 구걸함으로써 한 번에는 1원씩 벌지만 결국 하루에 1억 원을 벌 수 있다. 웹상에서는 처음 웹사이트를 만들 때 드는 비용을 제외하면 한 번 적선을 받는 데 드는 비용이 거의 0에 가깝다. 따라서 이러한 방식이 가능한 것이다.

농담처럼 들리겠지만 실제로 네트워크 세상의 기업들은 이러한 방식으로 돈을 벌고 있다. 구글의 경우 2012년에 약 50조 원(2012년 구글의 매출액은 모토롤라를 제외하고 460억 달러였다[3])의 돈을 벌기 위해 1조 회이상 검색을 수행했다. 아주 단순하게 계산하면 여러분이 구글 검색을 한 번 할 때마다 평균 50원씩 구글에 적선하고 있는 것이라고 할수 있다.

아마존은 저마진 전략이 태생부터 체화되어[4] 있으며, 이를 기반으로 상상할 수 없는 규모로 비즈니스를 키워 이익을 내는 전략을 취하고 있다. 판매자에게 받는 수수료는 8~15% 수준이고,[5] 직접 판매하는제품의 경우에도 매우 낮은 마진razor thin margin으로 또는 미끼 상품loss leader으로 판매하는[6] 것으로 알려져 있다.

네트워크 세상의 비즈니스가 가치를 만드는 방식은 다음과 같은 식으로 표현할 수 있다(우메다 모치오는 이를 '인터넷 세계의 제3법칙'이라고 이름 지었다).

거의 0 × 거의 무한대 = 매우 큰 숫자

3. http://www.sec.gov/Archives/edgar/data/1288776/000119312513028362/d452134d10k. htm.
4. Brad Stone & Jim Aley, "Amazon's Jeff Bezos Doesn't Care About Profit Margins," *Business Week*, Jan 08, 2013, http://www.businessweek.com/articles/2013-01-08/ amazons-jeffbezos-doesnt-care-about-profit-margins.
5. http://www.amazon.com/gp/help/customer/display.html?nodeId=1161240.
6. Eugene Wei, "Amazon, Apple, and the beauty of low margins," *Remains of the Day*, Nov 28, 2012, http://www.eugenewei.com/blog/2012/11/28/amazon-and-margins.

이러한 법칙은 오가닉 비즈니스의 거의 모든 영역에 적용된다. 그렇다면 이렇게 하찮은 가치를 모아 무한대의 규모를 만드는 것이 실제로 어떻게 가능한지 그 원리를 하나씩 살펴보겠다.

거의 0의 가치를 모아도 돈이 되는 이유

먼저, 단추를 팔아서도 가치를 만들어 낼 수 있는 이유는 하찮은 가치를 모으는 비용이 그 가치보다 더 작기 때문이다. 전통적인 비즈니스와 오가닉 비즈니스는 비용 구조의 차원이 다르기 때문에 가능한 일이다.

1) 가치를 모으는 한계비용이 0이다

오가닉 비즈니스에서는 가치 하나를 더 모으는 데 드는 한계비용이 거의 0에 가깝다. 가치를 모으는 데 사용자들이 무료로 노동력을 제공하기 때문이다. 사용자들 개개인은 아주 적은 시간을 제공할지 모르지만 많은 사용자들이 함께 함으로써 매우 의미 있는 노동력이 되는 것이다.

예를 들어 1000명의 직원이 8시간씩 1년간 일하는 시간은 약 200만 시간이다. 이는 100만 명의 사용자가 연간 2시간을 쓰는 것과 같다. 이렇게 네트워크 구성원 간의 대규모 협업을 통해 재화를 생산하고, 유통하고, 소비하는 방식을 이른바 '위키노믹스' 또는 '크라우드 소싱crowd sourcing'이라 한다.[7]

백과사전의 대명사인 브리태니커를 죽인(?) 주범이라[8] 할 수 있는 위키피디아(www.wikipedia.org)는 위키노믹스의 대표적인 사례다. 위키피디아가 작성되고 유지되는 방식은 기존 방식과는 완전히 다르다. 가장 큰 차이점은 누구든지 자신이 잘 아는 주제에 대해 자발적으로 다른 사람들과 함께 내용을 작성한다는 것이다. 현재까지 2600만 명이 참여해[9] 500만 주제, 29억 단어에 달하는 백과사전을 만들었다.

불행하게도 많은 사람들은 위키노믹스를 일부 인터넷 기업의 전유물로 생각한다. 하지만 네트워크를 기반으로 재화를 생산하고, 유통하고, 소비하는 방식은 백과사전 같은 콘텐츠뿐 아니라 모든 비즈니스와 산업에 영향을 미치고 있다. 연결이 지배하는 세상은 고객과 기업의 경계를 허물고 고객의 무한한 노동력unlimited workforce을 활용하는 기업만이 살아남는 세상이다.

2) 가치를 제공하는 데 필요한 고정비가 낮다

오가닉 비즈니스에서는 물리적인 요소(예를 들어 지점, 매장 등)가 최소화되기 때문에 기존의 비즈니스에 비해 고정비가 낮다. 예를 들어 0개의 매장을 가진 아마존의 고정비와 1만 1000여 개의 매장을 가진 월마트

7. Don Tapscott & Anthony D. Williams, *Wikinomics*, Portfolio Trade, 2006.
8. Julie Bosman, "After 244 Years, Encyclopaedia Britannica Stops the Presses," *New York Times Blog*, Mar 13, 2012, http://mediadecoder.blogs.nytimes.com/2012/03/13/after-244-yearsencyclopaedia-britannica-stops-the-presses/.
9. "Wikipedia:Size comparisons," *Wikipedia*, http://en.wikipedia.org/wiki/Wikipedia:Size_comparisons.

의 고정비는 비교할 수 없다.

또한 사용자의 참여도 고정비를 최소화한다. 월마트가 220만 명의 직원이 급여를 받고 일하는 반면 아마존은 15만 명이 급여를 받고 일하는 것은 2억 400만 명의 고객이 무료로 일하기 때문이다. 중국의 샤오미는 전자제품 제조업체이지만 대리점도, 영업사원도 없이 오가닉 비즈니스를 실행하고 있다.

왜 하찮은 가치를 모으는 것이 의미 있는지 이해되었다면 법칙의 뒷부분, 즉 무한대의 규모가 어떻게 가능한지 살펴보자.

무한대의 규모＝끝없는 대안×무한한 공급

거의 무한대의 규모가 가능한 것은 사용자의 참여로 끝없는 대안 unlimited choice이 만들어지고 이러한 대안을 무한히 공급할 수 있기 때문이다.

1) 끝없는 대안
위키피디아는 브리태니커에 비해 100배 많은 주제[10]를, 구글은 도서관과는 비교 자체가 불가능한 규모의 페이지를, 아마존은 오프라인 매장에 비해 수백 배의 상품을 제공한다. 와이어드(www.wired.com)의 편집자였던 크리스 앤더슨은 이러한 현상에 주목하고 이를 '롱테일Long

---

10. 상동.

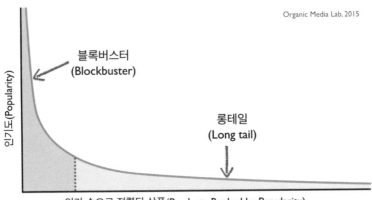

롱테일 현상 (Long tail Phenomena)

Organic Media Lab, 2015

블록버스터
(Blockbuster)

롱테일
(Long tail)

인기도(Popularity)

인기 순으로 정렬된 상품(Products Ranked by Popularity)

Image Source: http://upload.wikimedia.org/wikipedia/commons/8/8a/Long_tail.svg

온라인 비즈니스에서 팔리는 상품의 종류는 오프라인에서 팔리는 상품 종류의 수십 배에서 수백 배에 달한다. 오프라인 비즈니스가 블록버스터를 기반으로 하는 비즈니스라면 많은 온라인 비즈니스는 롱테일에 기반한 비즈니스다.

tail'[11] 현상이라 불렀다.[12]

위 그림은 롱테일 현상을 나타내는 그래프다. 세로축(y)은 상품의 인기도(예를 들어 판매량)를, 가로축(x)은 상품을 인기도순으로 정렬하여 나타낸 것이다. 오프라인의 경우 인기 있는 소수의 상품(이른바 블록버스터)을 중심으로 거래되는 반면 온라인에서는 수없이 많은 종류의 상품(이른바 롱테일)이 추가적으로 소비·판매된다.

물론 온라인의 경우 상품을 진열할 장소의 제약이 없고 추가되는

11. "Long tail," *Wikipedia*, http://en.wikipedia.org/wiki/Long_tail.
12. Chris Anderson, *The Long Tail*, Random House, 2006.

재고 비용이 매우 적거나 거의 없기 때문에 오프라인의 수십 배에 달하는 상품을 갖출 수 있다는 것이 롱테일 현상의 주요한 요인이라 할 수 있다. 하지만 이는 롱테일 현상의 필요조건이 될지언정 충분조건이 될 수는 없다. 일부 예외적인 경우(예를 들어 넷플릭스)를 제외하고 사용자의 참여가 없다면 수천만 종류의 상품을 판매하는 것은 불가능하기 때문이다(롱테일 전략에 대한 오해[13]와 진실에 관한 내용은 추후에 다룰 것이다).

2) 무한한 공급

무한한 규모를 가능케 하는 두 번째 요인은 무한한 공급unlimited supply 이다.

소프트웨어·정보가 중심이 되는 제품·서비스는 무한히 복제할 수 있다. 예를 들어 위키피디아는 세계에서 일곱 번째로 인기 있고,[14] 구글은 매달 1000억 회 이상[15] 검색이 이루어지며, 싸이의 '강남 스타일'은 현재 24억 회[16] 재생되었다. 사용자 한 명이 증가한다고 해서 비용이 증가하지 않는다. 즉 한계비용marginal cost 또는 변동비용variable cost 이 0이다. 또한 생산량이 많아진다고 해서 이러한 비용이 증가하지는

13. Anita Elberse, "Should You Invest in the Long Tail?" *Harvard Business Review*, July–August 2008, https://hbr.org/2008/07/should-you-invest-in-the-long-tail/.
14. "Wikipedia.org is more popular than...," *Wikipedia Meta-Wiki*, http://meta.wikimedia.org/wiki/Wikipedia.org_is_more_popular_than... .
15. Sarah Perez, "Google Explains How Search Works, Complete With Live Spam Slideshow," *TechCrunch*, Mar 1, 2013, http://techcrunch.com/2013/03/01/google-explains-how-searchworks-complete-with-live-spam-slideshow/.
16. https://www.youtube.com/watch?v=9bZkp7q19f0.

않는다. 따라서 수요만 있다면 얼마든지 공급이 가능하다.

우버나 에어비앤비처럼 물리적인 요소가 필요한 서비스의 경우 사용자의 참여를 기반으로 공급을 늘릴 수 있다. 우버의 경우 2014년 말 기준으로 미국에만 16만여 명[17]의 운전자가 있으며, 이 숫자는 빠른 속도로 증가하고 있다. 창업한 지 7년 된 에어비앤비의 경우 전 세계에 200만 개 이상의 방[18]을 가지고 있다.(물론 이 경우 대안도 증가한다. 즉 200만 개의 대안이 생긴다.) 이에 비해 100년 된 힐튼호텔 체인의 경우 겨우 68만 개의 방[19]을 가지고 있다.

지금까지의 논의를 정리하면 다음 쪽의 그림과 같이 표현할 수 있다. 무한한 규모를 달성하는 방법은 끝없는 대안을 만들고 이들에 대한 수요를 늘려서 공급을 늘리는 것이다. 구글, 아마존, 페이스북은 무한대의 규모를 만든 대표적인 비즈니스다. 이들 모두 사용자의 참여로 끝없는 대안을 제공했고, 사용자들이 너무나 많은 대안 가운데서 자신이 원하는 것을 잘 발견하고 경험할 수 있도록 하면서 더 많은 수요를 만들어 냈다.

예를 들어, 구글은 우리가 인터넷에 자발적으로 올리고 연결한 30조 개 이상의 웹페이지(무한한 대안)를 색인화하고 우리가 원하는 페이

---

17. Emily Badger, "Now we know how many drivers Uber has — and have a better idea of what they're making," *Washington Post*, Jan 22, 2015, http://www.washingtonpost.com/news/wonkblog/wp/2015/01/22/now-we-know-many-drivers-uber-has-and-how-much-moneytheyre-making/.

18. https://www.airbnb.com/about/about-us.

19. "Hilton Worldwide," *Wikipedia*, http://en.wikipedia.org/wiki/Hilton_Worldwide.

무한대의 규모 = 끝없는 대안 x 무한한 공급
(Infinite Scale = Unlimited Choices x Unlimited Supply)

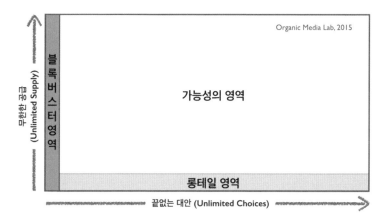

끝없는 대안과 무한한 공급은 무한대의 규모를 가능하게 한다. 오가닉 비즈니스에서는 이러한 규모의 경제를 십분 활용해야 한다.

지를 페이지 랭크(웹페이지의 연결 구조를 이용하여 중요도를 결정하는 알고리즘)를 이용하여 잘 찾을 수 있도록 했다.

아마존은 판매자들의 참여로 수천만 종류의 상품을 판매하지만, 구매자와 협력자의 도움으로 우리가 필요로 하거나 원하는 상품을 발견하고 구매할 수 있게 했다. 페이스북은 15억 사용자들이 올리는 수없이 많은 포스트가 친구 관계를 기반으로 나에게 자연스럽게 흘러오도록 했다.

물론 비즈니스(예를 들어 영화 제작사, 오가닉미디어랩, 아마존의 판매자 등)에 따라서는 무한한 대안을 만드는 것이 가능하지도 바람직하지도 않은 경우가 있다. 이런 경우에는 수요를 늘려 규모를 키우는 방법을 선택해야 한다. 예를 들어, 오가닉미디어랩이 (일부 신문사처럼) 많은 글을 양산하여 규모를 키우는 것은 자살행위다. 오가닉미디어랩은 많은 글을 올리지는 않지만 글 하나하나가 독자의 네트워크를 만들고 다음 글이 이 네트워크를 기반으로 더 큰 네트워크를 만드는 방법으로 규모를 키우고 있다.

결론

오가닉 비즈니스에서는 하나하나는 하찮은 가치일지 모르지만 이를 대규모로 연결하여 세상을 변화시킬 만한 제품·서비스가 만들어진다. '티끌 모아 태산'이 실현되는 세상이다. 이러한 방식이 가능한 것은 콘텐츠, 사람, 사물 등이 연결되는 비용이 거의 0에 가깝기 때문이다.

전통적인 비즈니스의 기준으로 생각하면 무시되거나 버려질 정도로 적은 돈이나 하찮은 가치도 이를 모으는 비용이 더 적게 들기 때문에 모을 가치가 있는 것이다. 또한 이러한 하찮은 가치를 무한히 모을 수 있는 방법이 존재하기 때문에 전통적인 비즈니스를 파괴하는 제품·서비스들이 출현하는 것이다.

그러면 이러한 법칙은 구글, 아마존, 페이스북처럼 상상을 초월하는 규모를 가진 기업에게만 적용되는 것인가? 그렇지 않다. 아무리 작은 기업도 이러한 법칙에서 자유로울 수 없다. 예를 들어, 아마존이나 이베이의 판매자들도 오프라인 매장과는 비교가 되지 않게 싸게 많이 파는 것만이 대박을 내는 방법이라 할 수 있다.

그렇다면 이 관점은 물리적 제품을 생산하는 기업에게는 적용되지 않을까? 샤오미는 그렇지 않다는 것을 보여주는 증거다. 전통적인 제조업체 입장에서는 말도 안 되는 가격에 제품을 판매하고 있지만, 그것은 고객들이 기꺼이 영업사원이 되어 주기 때문에 가능하다. 이러한 제품들을 매개로 만들어지는 네트워크(IoT 네트워크를 포함하지만 그 이상)가 네트워크 효과를 발휘하며 상상을 초월하는 가치를 만들어 낼 수 있는 것이다. 그 결과를 판단하기는 이르지만 지금으로서는 충분한 가능성을 보여주고 있다.

정보를
판다

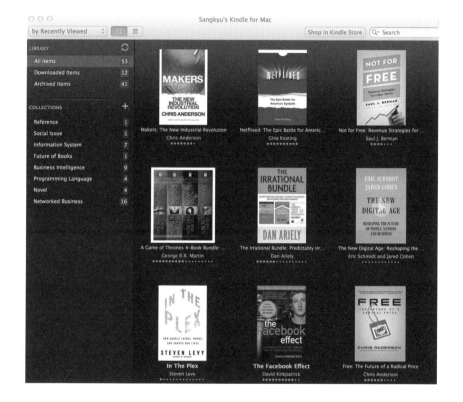

제2부에서는 '정보'의 개념을 이해하는 시간을 갖는다. 특히 정보재(Information goods)와 정보화(Informatization) 관점을 중심으로, 정보가 비즈니스의 본질적 변화에 어떤 영향을 줄 수(주고) 있는지 쟁점을 살펴본다.

정보는 이제 물리적 자원을 대체하게 되었다. 물리적 자원이 없어진다는 것이 아니다. 모든 자원을 정보의 관점에서 바라봐야만 시장에서 생존할 수 있다는 뜻이다. 정보에 대한 이해는 오가닉 비즈니스의 시작이다.

01 아마존 킨들은
왜 단말기가 아니라 서비스인가?
Why Amazon Kindle isn't a Device but a Service?

지난 2011년 2월, 미국 2위 서점인 보더스Borders가 파산했다.[1] 당시 아마존의 전자책 전용 단말기e-book reader인 킨들을 사용하고 있던 나는 미국 1위 비디오 대여 업체였던 블록버스터의 파산을[2] 떠올렸다. 블록버스터는 전국의 5000여 체인점을 기반으로 DVD를 대여하는 사업을 영위했다. 그런 블록버스터를 파산시킨 주범은 바로 넷플릭스다. 넷플릭스는 1997년 우편으로 DVD를 대여하는 사업으로 시작하여 현

---

1. Julie Bosman and Machael J. De La Merced, "Borders Files for Bankruptcy," *New York Times*, Feb 16, 2011, http://dealbook.nytimes.com/2011/02/16/borders-files-for-bankruptcy/.
2. Machael J. De La Merced, "Blockbuster, Hoping to Reinvent Itself, Files for Bankruptcy," *New York Times*, Sep 23, 2010,http://www.nytimes.com/2010/09/24/business/24blockbuster.html.

재는 VOD(Video On Demand) 기반 사업으로 진화했다.

블록버스터는 2006년을 정점으로 내리막길을 걷기 시작했고, 수년 간 1000여 개의 체인점 문을 닫았으며, 2010년에는 결국 파산을 맞이 했다. 넷플릭스가 시장을 조금씩 잠식해 올 때 블록버스터는 초기에 는 무시하는 전략을, 조금 지나서는 흉내를 내는 전략을 취했고 점차 자신의 운명을 알게 되면서도 옴짝달싹할 수가 없었다. 그리고 결국은 파산할 수밖에 없는 지경에 이르렀다.[3]

음반 시장에서도 이미 이와 유사한 사례가 있었다. 미국 최대 음반 판매 업체였던 타워레코드Tower Record는 P2P(Peer-to-peer) 기반의 음악 공유 서비스와 애플의 아이튠즈iTunes에 밀려 2004년 파산 신청을 하 고 2006년 완전히 정리되었다.[4]

책 시장, 비디오 시장, 음반 시장에서 일어난 각각 다른 사례이지만 여기에는 공통점이 있다. 정보를 기반으로 한 비즈니스가 물질을 기반 으로 한 비즈니스를 대체했다는 점이다. 단순히 아날로그analog 제품을 디지털화digitization했다는 뜻이 아니다. 업의 본질이 변화한 것이다.

아마존 킨들의 구체적 사례를 통해 어떻게 책이 물질이 아니라 정 보가 되는지, 이때 킨들은 왜 단순한 단말기 판매 비즈니스가 아니라 '서비스를 연결하는 비즈니스'가 될 수밖에 없는지를 이해하는 시간을 가져 보자.

3. Gina Keating, Netflixed, *Portfolio*, 2012.
4. Jens F. Laurson & George A. Pieler, "The Tower That Fell," *Forbes*, Nov 15, 2006, http://www.forbes.com/2006/11/15/tower-music-bankruptcy-opedcx_jfl_1115tower.html.

아마존 킨들은
서비스다

전자책 시장을 연 것은 인터넷 최대의 유통 업체이자 클라우드cloud 서
비스 업체인 아마존이다. 아마존은 2007년 킨들을 출시해[5] 꾸준히 전
자책 시장을 공략했고, 2011년 5월을 기점으로 종이책보다 전자책이
더 많이 팔리는 상황이 되었다.[6] 2010년 아이패드iPad 등 태블릿 PC의
등장은 전자책 시장의 성장을 가속화했다. 2013년 기준으로 아마존에
서는 100만 종 이상의 전자책을 판매하고 있으며, 종이책의 2배 이상
이 판매되는[7] 것으로 추정되고 있다.[8]

　아마존의 창업자이자 최고경영자인 제프 베조스는 킨들을 출시하
면서 "킨들은 기기가 아니라 서비스다It isn't a device, it's a service"[9]라고 했

5. "The book is dead," *Economist*, Nov 20, 2007, http://www.economist.com/node/
10164693.

6. Jason Kincaid, "That Was Fast: Amazon's Kindle Ebook Sales Surpass Print (It Only Took
Four Years)," *TechCrunch*, May 19, 2011, http://techcrunch.com/2011/05/19/that-was-
fastamazons-kindle-ebook-sales-surpass-print-it-only-took-four-years/.

7. Alexia Tsotsis, "Amazon's Writing Is On The Wall For Physical Books," *TechCrunch*, Sep 6,
2012, http://techcrunch.com/2012/09/06/mene-mene/.

8. 전자책 시장의 성장이 2015년에는 예상보다 주춤했던 것이 사실이지만, 이는 과도기적 현상으
로 풀이될 수 있다. (2014년 말에 아마존과 기존 대형 출판 업체들 간의 가격 조정을 둘러싼 갈등
등) 오히려 기존 대형 출판 업체에 의한 출판은 그대로인데 개인이 직접 출판하는 형태는 크게 증가
했다. 이를 통해 전자책 시장에 의해 변화하는 출판 문화의 지각변동을 예상해 볼 수 있다[http://
www.nytimes.com/2015/09/23/business/media/the-plot-twist-e-book-sales-slip-andprint-
is-far-from-dead.html, http://fortune.com/2015/09/24/ebook-sales/, http://www.wsj.com/
articles/amazon-hachette-end-publishing-dispute-1415898013].

9. Steven Levy, "Amazon: Reinventing the Book," *News Week*, Nov 17, 2007, http://www.

킨들 페이퍼 화이트(Kindle Paperwhite): 가독성, 눈의 편안함, 조명 등 책 읽는 데 최적의 기기라고 생각한다.

다. 즉, 전자책을 단지 읽는 도구가 아니라 전자책을 구매하고, 읽고, 생각을 나눌 수 있는 서비스로 생각한 것이다. 그래서 킨들은 출시 초기부터 아마존에서 구매한 전자책을 컴퓨터에 연결하지 않고 무선 인터넷(이른바 위스퍼넷Whispernet)으로 다운로드하고 관리할 수 있도록 했다. 이른바 클라우드 서비스를 2007년부터 시작한 것이다.

게다가 대형 출판사를 설득해 출시와 동시에 8만 8000여 권의 전자책을 판매함으로써 독자들에게 읽을거리를 제공했다.[10] 최근에는 iOS, 안드로이드Android, 윈도, 맥 OS X 등 거의 모든 컴퓨팅 플랫폼에 애플

---

newsweek.com/amazon-reinventing-book-96909.

10. 2015년 현재에는 지난 한 달 동안 올라온 신작(new releases)만 8만 2000여 권에 이르고, 문학(Literature & Fiction)은 약 125만 5000여 권, 비문학(Nonfiction)은 약 181만여 권에 이르는 전자책을 보유하고 있다[http://www.amazon.com/Kindle-eBooks/b?node=154606011].

리케이션을 제공함으로써 언제 어디서나 책을 읽을 수 있는 환경을 조성하고 있다.

물질에서 벗어나
정보를 보다

종이책의 운명은 과연 어떻게 될 것인가? CD나 DVD처럼 역사 속으로 사라져 갈 것인가? 아니면 종이책만의 장점이 있어 살아남을 것인가? 많은 사람이 종이책의 장점으로 가독성, 필기 가능성, 보관성(소장 가치) 등을 든다. 종이책의 촉감, 넘기는 맛 등 아날로그 감성은 전자책으로 대체할 수 없는 것이라고 주장하기도 한다.[11] 그리고 종이로 보는 신문과 웹으로 보는 신문을 예로 들면서 종이책은 여전히 살아남을 것이라고 생각한다.

　종이책이 완전히 사라지지는 않을 것이다. 하지만 한번 전자책에 익숙해진 사람은 종이책으로 돌아가기 어려운 것이 현실이다. 그렇다면 전자책은 어떤 점에서 종이책과 다른지 살펴보자(다음 글인 〈정보의 4가지 특성〉을 이해하기 위한 준비 단계로 보아도 좋다).

전자책은 저렴하다(정보재의 한계비용은 0이다)
종이책은 출판에 많은 고정비용이 들 뿐 아니라 종이값 등의 변동비

---

11. Robert Darnton, "The New Age of the Book," *The New York Review of Books*, Mar 18, 1999, http://www.nybooks.com/articles/archives/1999/mar/18/the-new-age-of-the-book.

킨들 다이렉트 퍼블리싱 서비스를 이용하여 출판한 나의 저서(현재는 한글로 출판되었다는 이유로 더 이상 판매되지 않는다).

용이 든다. 전자책은 고정비용이 적을 뿐 아니라 변동비용은 0이라 할 수 있다. 물론 유통비용 측면에서도 전자책이 훨씬 유리하다. 전자책을 유통하는 데는 물류비용이 들지 않을 뿐 아니라, 아마존의 '킨들 다이렉트 퍼블리싱Kindle Direct Publishing'과 같이 출판사를 끼지 않고 직접 출판하는 방식이 도입되면서 전자책은 구조적으로도 저렴해질 수밖에 없다.

아직은 종이책과 전자책이 같이 출판되는 경우 시장에서 가격에 큰 차이를 두지 않지만 전자책만 출판되거나 전차책이 성공해서 종이책도 낸 경우에는 훨씬 저렴한 경우가 대부분이다. 아마존의 경우 이러한 책들은 대부분 1~3달러 정도에 팔리는데, 이를 100만 권 이상 판매한 저자들이 나타나기 시작했다.[12]

도서관을 들고 다닌다(정보재는 연결된다)

종이책은 여러 권 가지고 다니기가 힘들다. 따라서 읽고 싶은 책이 곁에 없을 때가 대부분이다. 하지만 전자책은 자신만의 도서관을 들고 다닐 수 있다. 특히 책가방이 무거운 학생들이나 나처럼 참조할 책이 많은 사람에게는 더욱 반가운 일이다. 더구나 읽고 싶은 책이 없는 경우 즉시 구매하여 자신만의 도서관에 추가할 수 있다. 특히 킨들을 포함한 대부분의 전자책 서비스가 클라우드를 기반으로 하고 있기 때문에 전용 단말기뿐 아니라 스마트폰, 태블릿 PC, 노트북 등에서도 언제든지 읽을 수 있다.

이런 편리함은 독서의 차원을 높이는 결과를 가져온다. 과거에는 책을 읽다가 궁금한 것이 있어 참고문헌을 찾아서 보려고 해도 불가능한 경우(즉 책이 도서관에 없고 팔지도 않는 경우)가 대부분이었다. 하지만 이제는 전 세계의 모든 책이 내 손안에 있는 것이나 마찬가지이기 때문에 독서가 새롭고 흥미로운 발견이 가능한 '끊임없는 여정'이 되었다.

혼자 읽지 않는다(정보재는 공유된다)

전자책은 단어 찾기, 밑줄 치기, 메모 남기기 등 다양한 부가 기능이 존재하지만 이보다 더 중요한 점은 더 이상 책을 혼자 고립되어 읽지 않는다는 것이다. 종이책은 커피 한 잔과 함께 고독을 즐기며 읽는 매

---

12. Mathew Ingram, "Future of media: The rise of the million-selling Kindle author," *Gigaom*, Jun 20, 2011, http://gigaom.com/2011/06/20/future-of-media-the-rise-of-themillion-selling-kindle-author/.

나의 킨들 도서관(Kindle Library): 도서관은 클라우드에 존재하므로 어떤 기기에서나 접근할 수 있다.

체였고 읽다가 마음에 들거나 중요하다고 생각하는 부분을 밑줄 쳐 자신만의 기록으로 남겼다. 하지만 전자책에서는 밑줄이나 메모를 다른 독자들과 공유할 수 있다. 같은 책을 읽는 독자들과 생각을 나누고, 그들이 읽고 있는 다른 책을 추천받기도 하고, 저자와도 소통할 수 있게 되었다. 책을 중심으로 한 소셜 네트워크[13]가 형성되는 것이다.

---

13. 윤지영, 〈아마존은 왜 오가닉 미디어인가?〉, 《오가닉 미디어》, 21세기북스, 2014.

공개된 노트와 밑줄을 책에 대한 평가와 함께 볼 수 있는 킨들 사이트

　더 나아가 책의 형식도 지금처럼 순차적이고 긴sequential and long 모양이 아니라 네트워크화되고 상호작용하는networked and interactive 모양으로 바뀌게 될 것이다.[14] 책이 어떻게 진화할지에 대해서는 〈책의 종말인가 진화인가?〉[15]를 참조하기 바란다. 이 외에도 종이책에 뒤지지 않는 가독성 등을 고려하면 종이책은 이미 사망했다고[16] 생각하는 것이

14. David Weinberger, *Too Big to Know*, Basic Books, 2012.

15. 윤지영, 〈책의 종말인가 진화인가?〉, 《오가닉 미디어》, 21세기북스, 2014.

16. MG Siegler, "Nicholas Negroponte: The Physical Book Is Dead In 5 Years," *TechCrunch*, Aug 6, 2010, http://techcrunch.com/2010/08/06/physical-book-dead/.

맞을 것이다.

　그렇다면 출판 업계가 사라질 것인가? 그렇지 않다. 책은 언제나 우리 곁에 있을 것이고 책의 콘텐츠를 담는 그릇(컨테이너)[17]만이 종이에서 전자책 단말기 또는 태블릿 PC로 바뀌는 것이다(물론 앞에서 언급했듯이 책의 형식은 진화할 것이다). 따라서 사라지는 것은 종이책을 인쇄하고 유통하는 업체다. 앞으로는 우리가 알고 있는 서점, 출판 유통 업체, 인쇄소 등은 존재하지 않을 것이다. 지금의 역할을 오가닉 비즈니스 관점으로 전환하고 혁신하지 않는다면 말이다.

전자책이 정보재가 될 때 보이는 것들

CD 시장과 DVD 시장에서 음반사와 유통 업체, 영화 제작사와 배급사 등이 저질렀던 실수를 반복하지 않으려면 출판사와 저자는 변화하는 환경에서 살아남기 위해 철저한 준비와 전략이 필요하다. 그 답은 책을 더 이상 물리적 재화가 아니라 정보재로 인식할 때 시작된다.

전자책은 서비스다

킨들의 사례가 보여주는 것처럼 전자책은 기기가 아니라 서비스다. 그렇다면 좋은 서비스를 제공하기 위해 가장 시급한 것은 읽을거리를 제

---

17. 윤지영, 〈미디어의 3요소〉, 《오가닉 미디어》, 21세기북스, 2014.

공하는 것이다. 현재 우리나라에는 읽을 만한 전자책이 없다. 수만 종의 전자책을 판매한다고 하지만 실제로 이른바 베스트셀러는 판매하지 않는다. 이 문제의 해결 없이는 우리나라 전자책 서비스의 미래는 없다.

또한 책을 서비스 관점으로 볼 때 시급한 것 가운데 하나가 전자책 구매 경험의 개선이다. 아마존은 2007년 출시 때부터 책을 쉽게 구매하고 다운로드할 수 있도록 했다. 책을 사고 다운로드하는 것이 어렵다면 전자책의 가치는 반감될 수밖에 없다. 이 두 가지 문제가 해결되면 함께 읽는 책 등 사용자 경험을 개선하는 다양한 서비스를 얼마든지 도입할 수 있다.

규모의 경제를 이루어야 한다

현재 국내 전자책 시장은 한마디로 파편화되어 있다. 교보문고 '샘', 출판협회의 '크레마 터치', 리디북스의 '페이퍼' 등 전자책 단말기 업체부터 대형 서점에 이르기까지 수많은 경쟁자들이 한국의 아마존이 되기 위해 노력하고 있다. 그런데 다른 플랫폼들과 마찬가지로 전자책 유통 플랫폼도 규모의 경제가 매우 중요하다. 지금 상황을 보면 아이폰이 휴대폰 시장에 가져온 충격이 출판 업계에도 재현될 가능성이 매우 크다. 아마존 킨들이 가져올 충격은 애플의 아이북스iBooks나 구글 플레이Google Play가 가져온 충격(?)과는 비교할 수 없을 것이다.

하나의 플랫폼으로 통일하기 어렵다면 'DRM 프리'[18]를 기반으로 유사한 효과를 가져오는 방법도 고려해야 한다. 그렇지 않다면 출판사나 저자의 입장에서는 아마존 킨들이나 애플 아이북스와 같은 해외 플랫폼을 활용하는 것도 생존 확률을 높이는 것이라 할 수 있다(아직 킨들은 한글을 공식적으로 지원하지 않지만 시간문제다). 특히 해외 플랫폼을 선택하는 경우 시장을 한글 문화권으로 확대하는 효과가 있기 때문에 충분히 고려할 만하다.

판매 모델과 가격정책을 다양화해야 한다

현재 국내에서는 전자책도 여러 제도에 묶여 다양한 가격정책을 펼칠 수 없는 것이 현실이다. 하지만 전자책은 종이책과는 비교할 수 없는 다양한 패키징과 가격정책이 가능하기 때문에 기존 틀 안에서 움직인다면 스스로를 묶어 놓고 경쟁하는 꼴이다. 예를 들면 부분별로 구매하는 모델, 아마존에서 시도하는 교과서 대여 모델, 음악·영화 서비스에서 사용되는 정기 구독 모델 등 다양한 판매 모델과 가격정책을 시도해 저자·출판사·독자들이 원원하는 방법을 찾아야 한다. 교보문고 '샘'의 경우 구독 모델을 도입하여[19] 변화를 꾀하고 있으나 현재로서는 독자들에게 매력적인 모델이라고 하기는 어렵다.

수익 및 배분 구조를 다변화해야 한다

이는 앞서 언급한 판매 모델과 가격정책의 변화와도 밀접한 관계가 있다. 수익 구조 측면에서는 독자들에게서 얻는 수익 이외에 광고를 기

---

18. 디지털 저작권 보호장치(Digital Rights Management, DRM)를 적용하지 않은 형식.
19. 정보라, 〈단말기 쓰고, 전자책 읽고…교보문고 '샘'〉, 블로터, 2013년 2월 20일, http://www.bloter.net/archives/144320.

반으로 한 수익 모델 등 다양한 방식을 시도해야 한다. 경우에 따라서는 광고를 기반으로 무료로 제공하는 책도 가능할 것이다.

비용 구조적인 측면에서는 저자·출판사·유통 플랫폼 간의 수익 배분 방식이 변화해야 할 것이다. 수익 배분 방식의 변화는 이기주의라는 고질적인 문제가 있어 쉬운 일은 아니나 판매 모델의 다양화와 더불어 반드시 해결해야 할 과제다. 미국의 전자책 시장이 뜨겁게 달아오르고 있고, 이 열기는 우리나라에 당장이라도 상륙할지 모르는 상황이다. 국내 출판 및 유통 업계의 흉내 내기가 아닌 근본적인 변화가 필요한 시기다. 아니, 이미 늦었는지도 모른다. 하지만 지금이라도 변화해야 한다.

지금까지 책을 정보재 관점, 서비스 관점에서 살펴보았다. 전통적으로 물리적 재화를 기반으로 했던 비즈니스가 갑자기 무너지기 시작한 것은 시장이 언제 어떻게 정보재 기반으로 전환되었는지 이해하지 못했기 때문이다. 정보는 이제 세상의 중심이 되었고 시장의 질서를 바꾸고 있다. 아마존 킨들의 현상은 작은 사례에 불과하다.

02 정보의 4가지 특성
4 Characteristics of Information

이 글에서는 정보로 이루어진 재화information goods가 물리적인 재화 physical goods와 어떤 점에서 다른지, 이에 따라 정보를 거래한다는 것이 물리적인 제품을 거래하는 것과 어떻게 다른지에 대해 설명하고자 한다. 구체적으로는 정보재의 가격 결정, 패키징, 마케팅, 지식 재산권 이슈가 물리적인 제품과 어떻게 다르고 서로 어떻게 얽혀 있는지 알아본다.

정보 또는 정보재는 컨텍스트에 따라 다양한 의미로 사용되지만 이 글에서는 뉴스, 책, 영화, 게임과 같은 콘텐츠, 소셜 네트워크 서비스 SNS나 마켓 플레이스와 같은 인터넷 서비스 등 '디지털화할 수 있는 모든 것'을 일컫는다.[1]

이 정의에서 유의할 점은 정보재가 이미 디지털화된 재화뿐 아니라

3 Components of Media

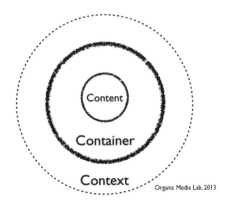

미디어는 컨테이너, 콘텐츠, 컨텍스트로 구성되어 있다. 미디어를 이 세 가지 요소로 해부함으로써 미디어의 진화에 대한 설명이 가능하다[윤지영, 〈미디어의 3 요소〉, 《오가닉 미디어》, 2014].

디지털화될 수 있는 재화까지 포함한다는 것이다. 따라서 종이책도 정보재라 할 수 있다. 제품·서비스의 가치 차원에서 정보를 살펴보면 정보의 가치는 이를 담고 있는 컨테이너에 있는 것이 아니라 내용(콘텐츠)에 있음을 상기할 필요가 있다(콘텐츠와 컨테이너의 관계에 대한 자세한 내용은 〈미디어의 3 요소〉[2] 참조).

예를 들어, 종이책의 경우 종이라는 물리적인 컨테이너에 담긴 내용물(즉 콘텐츠)에 근원적인 가치가 있는 것이지 종이 자체에 책의 근원

1. Carl Shapiro and Hal R. Varian, *Information Rules*, Harvard Business Review Press, 1998.
2. 윤지영, 〈미디어의 3요소〉, 《오가닉 미디어》, 21세기북스, 2014.

적 가치가 있는 것은 아니다. 즉 물리적인 요소를 없애더라도(디지털화하더라도) 가치에는 변화가 없다고 보는 것이다.

종이라는 컨테이너의 가치에 대해서도 논의할 수 있겠지만 여기서는 책의 '내용'이라는 콘텐츠로서의 가치에 집중하고자 한다. 그뿐 아니라 정보재가 됨에 따라 부가적으로 무수한 가치를 재생산할 수 있는 기회를 얻는다.

이러한 정보는 자동차 같은 물리적 제품과는 매우 다른 성격을 지니고 있다. 첫째, 정보는 한계비용이 0이기 때문에 가격 결정의 새로운 기준이 필요하다. 둘째, 정보는 경험재experience good이기 때문에 마케팅 방법이 달라질 수밖에 없다. 셋째, 정보는 소프트하기 때문에 다양한 형태로 제공할 수 있다. 마지막으로, 불법 복제piracy가 불가피하기 때문에 불법 복제를 역으로 이용해야 한다.

정보의
한계비용은 0이다

정보재의 생산비용 구조는 물리적 제품의 생산비용 구조와 매우 다르다. 물리적 제품의 경우 고정비가 차지하는 비중이 작고 변동비의 비중이 큰 반면, 정보재의 경우는 고정비가 대부분을 차지한다. 정보 제품·서비스를 개발하는 데는 상당한 고정비용이 들지만 추가 생산하는 데 필요한 한계비용은 실질적으로 0이라 할 수 있다.

예를 들어 《오가닉 비즈니스》라는 책이 만들어지기까지 저자와 관련된 사람들의 많은 땀과 노력이 필요하지만 전자책e-book의 복사본

정보재의 비용구조
(Cost Structure of Information Goods)

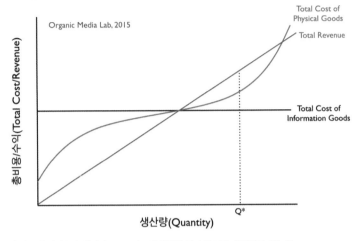

정보(재)는 한계비용이 실질적으로 0이고 생산량의 증가에 따라 체증하지 않는다.

copy을 추가 생산하는 데 소요되는 비용은 거의 무시할 수 있는 수준이다. 게다가 인터넷과 스마트 기기는 이러한 정보의 물리적 유통을 불필요하게 함으로써 실질적인 유통비용도 0으로 만들었다.

이러한 정보의 비용 구조 때문에 인터넷상의 많은 콘텐츠와 서비스의 가격은 공짜로 수렴된다. 정보가 공짜일 수 있는 것은 한계비용이 0이기 때문이다. 그렇지 않다면 중장기적으로 공짜로 제공하는 것은 불가능하다.

또한 이러한 비용 구조는 원가에 근거한 가격 결정cost-based pricing을 전혀 무의미하게 만든다. 예를 들어 고정비가 1억 원이 든 전자책은 1000개를 팔면 원가가 10만 원이고 10만 개를 팔면 1000원이다. 생산량 또는 판매량에 따라 단위원가가 고무줄처럼 줄었다 늘었다 하는 상황에서 '원가가 얼마이니 이윤을 20% 붙여 가격을 얼마로 정한다'는 것은 어리석은 짓이다. 더 이상 원가는 가격 결정의 기준이 될 수 없는 것이다.

마지막으로, 이러한 비용 구조는 규모의 경제economies of scale 현상이 나타나게 한다. 이러한 규모의 경제는 제조 업체의 규모의 경제와는 차원이 다르다. 물리적인 제품의 경우에도 고정비가 있기 때문에 규모의 경제가 존재한다. 하지만 물리적인 제품은 한계비용이 체증하는 현상이 있기 때문에 생산량이 어느 수준(물리적 제품의 비용곡선과 매출액선이 두 번째로 만나는 점)을 넘으면 규모의 불경제diseconomies of scale로 말미암아 손실이 생긴다. 따라서 물리적인 제품의 경우 최적 생산량(Q^*)이 존재한다.

하지만 정보재의 경우 제품의 고정비가 크고 한계비용이 0일 뿐 아니라 한계비용의 체증이나 생산용량의 제약이 없기 때문에 생산량이 늘면 늘수록 규모의 경제로부터 얻는 이익이 늘어난다. 예를 들어 한때 마이크로소프트 사 윈도 부문의 시장점유율은 90%에 달했고 영업이익률은 85%[3]에 이르렀다.

이러한 상황에서 정보의 가격을 결정하는 것은 기존의 물리적인 제품의 가격 결정과는 다른 관점에서 접근할 수밖에 없다. 고정비가 1억 원인 전자책을 10만 원에 파는 것이 맞는지 아니면 1000원에 파는 것

---

3. "Microsoft Profit and Loss by Business Area," *Slashdot*, Nov 17, 2002, http://slashdot.org/story/02/11/17/2037223/microsoft-profit-and-loss-by-business-area.

이 맞는지, 아니면 그 사이의 어떤 가격이 적정한지, 그도 아니면 공짜
가 적정한지는 쉬운 문제가 아니다. 원가가 기준이 될 수 없다면 정보
재 가격의 새로운 기준에 대한 고민이 필요하다.

정보는
경험재다

정보는 실제로 사용해 보아야 그 제품의 가치를 평가할 수 있는 경험
재다. 경험재는 컴퓨터처럼 제품의 특성이나 품질을 구매하기 전에 쉽
게 판단할 수 있는 탐색재search goods에 대비되는 개념으로, 이른바 '먹
어봐야 맛을 아는'[4] 재화다. 물론 음식이나 화장품 같은 물리적 제품
도 경험재다. 하지만 정보재는 그 정도가 물리적인 제품에 비해 매우
심하다.

 예를 들어 투자 정보(또는 영화)를 구매하는 경우 그 정보를 보지 않
고는 가치를 알 수 없다. 그렇다고 판매자의 입장에서는 가치의 결정
을 도와주기 위해 정보를 먼저 보여줄 수도 없다. 왜냐하면 이 경우
이미 정보가 구매자에게 무료로 판매된 것이나 마찬가지가 되기 때문
이다. 물리적 제품의 경우는 제품을 회수할 수 있지만 정보는 회수가
불가능한 경우가 대부분이다.

 정보가 경험재이기 때문에 야기되는 또 다른 문제는 개인마다 느

---

4. 이원재, 〈피자는 자장면이 부럽다〉, 한겨레21, 2005년 12월 28일, http://legacy.www.hani.
co.kr/section-021134000/2005/12/021134000200512280591026.html.

끼는 가치에 큰 차이가 있다는 것이다. 예를 들어 〈레미제라블Les Misérables〉이라는 영화를 보고 좋았다는 사람부터 여러 번 봤다는 사람까지 이 영화에 대한 선호도는 극과 극을 달린다. 나는 매우 감명 깊게 봤고 집에 오자마자 OST 앨범을 바로 주문할 정도로 가치 있었다. 하지만 영화 내내 졸았다는 남자들이 꽤 있었다.

개인적 성향뿐만 아니라 직업이나 관심 영역에 따라서도 가치는 다르게 나타난다. 예를 들어 마이크로소프트 오피스에 포함된 '액세스Access'는 사용자들 대부분이 무엇을 하는 프로그램인지도 모른다. 하지만 데이터베이스를 가르치는 내게는 매우 가치 있는 프로그램이다.

경험을 하기 전에는 정보의 가치를 평가하기 어렵다는 점과 개인마다 느끼는 가치의 편차가 심하다는 점은 정보의 가격 결정을 어렵게 만드는 또 하나의 걸림돌이다. '셰어웨어Shareware'와 같이 정보를 사용하고 나서 원하는 만큼 지불하게 할지, 샘플을 사용해 보고 미리 정해진 만큼 지불하게 할지, 아니면 공짜로 사용하게 하고 다른 방법으로 돈을 벌지 등 다양하고 복잡한 이슈가 존재한다.

정보는 말랑말랑하다

정보는 물리적인 제품에 비해 매우 쉽게 쪼개고, 더하고, 붙일 수 있다. 이는 물리적인 제품에 비해 적은 비용으로 정보를 여러 형태로 차별화하여 제공할 수 있다는 것을 의미한다.

예를 들어 전자책의 경우 책의 일부를 샘플로 무료 제공하거나, 여러

댄 애리얼리의 저서 세 권이 '묶음(Bundle)'으로 저렴한 가격에 제공된다.

책을 부분별로 모아서 판매하거나, 한 저자의 책을 묶어서 판매하는 등 다양한 형태로 제공하는 것이 매우 쉽다. 더 나아가 독자마다 개인화 된 책을 제공할 수도 있다.[5] 《상식 밖의 경제학Predictably Irrational》의 저 자 댄 애리얼리Dan Ariely는 세 권의 저서를 다양한 형태로 제공하고 있 다. 각각 책의 샘플뿐 아니라 《상식 밖의 경제학》과 《경제심리학Upside of Irrationality》의 일부를 묶어 《불합리의 취향A Taste of Irrationality》이라

5. Shalini Ramachandran, "McGraw-Hill to Debut Adaptive E-Book for Students," *Wall Street Journal*, Jan 7, 2013, http://blogs.wsj.com/digits/2013/01/07/mcgraw-hill-to-debut-adaptivee-book-for-students/.

는 제목으로 공짜로 제공하고 있으며, 세 권을 묶어《불합리 합본The Irrational Bundle》으로 판매하고 있다.

이렇게 정보는 다양한 형태로 제공할 수 있기 때문에 어떻게 묶어 포장할 것인지가 매우 중요한 의사 결정이 된다. 물론 패키지(또는 버전)마다 어떻게 가격을 매길 것인지는 더 어려운 문제다. 책 한 권을 얼마나 받을지, 책을 장별로 판다면 얼마나 받을지, 여러 권을 묶어서 판다면 얼마나 받을지 등은 쉽게 결정하기 어려운 문제다.

정보는 불법 복제가
불가피하다

정보는 생산자뿐만 아니라 소비자도 매우 저렴한 비용(즉 본인의 노동력)으로 품질의 차이가 없는 복제품을 생산할 수 있다. 물론 스티브 잡스Steve Jobs도 불법 복제가 최저임금보다 못한 대가를 받고 일하는 것이라고 지적했지만,[6] 여전히 많은 소비자들이 불법 복제를 하고 있다. 물리적인 제품의 경우 개인적인 차원에서 불법 복제를 하기는 거의 불가능하다. 앞으로 3D 프린터가 대중화되면 물리적 제품의 불법 복제도 아주 저렴한 비용으로 가능해질 수 있지만 정보재와 비교할 만한 수준은 아니다.[7]

---

6. "CNN talks to Steve Jobs about iTunes," *CNN*, Nov 27, 2003, http://edition.cnn.com/2003/TECH/industry/04/29/jobs.interview/.
7. 3D 프린터가 가져올 혁명에 대해 궁금한 독자들은 크리스 앤더슨의《메이커스(Makers)》를 참조하라.

그뿐 아니라 저렴한 비용만이 불법 복제를 일으키는 유일한 원인인 것도 아니다. 많은 경우 저작권copyright 문제 때문에 합법적인 경로로 정보재를 구할 수 없을 때 불법 복제가 그 대안이 되기도 한다.

이러한 특성 때문에 인터넷에서는 불법 복제가 난무하고 있는 것이 사실이다. 예를 들어 '소리바다'나 '냅스터Napster' 같은 서비스는 불법 음악파일(mp3)을 너무나도 쉽게 공유할 수 있게 함으로써 음반 업계 및 음반 유통 업계에 막대한 타격을 입혔다. 최근에는 웹하드나 토렌트Torrent 사이트를 통해 영화 등의 거의 모든 정보재가 불법 유통되고 있는 것이 현실이다.

이러한 불법 복제를 막기 위해 다양한 형태의 '디지털 저작권 관리Digital Right Management, DRM' 기술이 도입되고 있지만 실질적으로 비용 대비 효과가 크지 않다.[8] DRM을 적용하는 데 소요되는 직접적인 비용 외에도 DRM 기술이 표준화되지 않거나 늦어짐으로써 발생하는 플랫폼의 파편화 및 혁신의 둔화,[9] DRM으로 겪는 소비자의 불편함 등 숨겨진 비용이 의외로 크다.

불법 복제를 근본적으로 막는 것은 불가능하다. 그렇기 때문에 기업은 불법 복제를 어떻게 막을 것인지가 아니라 불법 복제를 어떻게 활용할 것인지를 근본적으로 고민해야 한다. 사실상 불법 복제는 매출 손실과 같은 부정적인 측면도 있지만, 제품의 시장점유율을 높이

---

8. Fred Von Lohmann, "Digital Rights Management: The Skeptics' View," *The Electronic Frontier Foundation*, http://www.eff.org/IP/DRM/2003040l_drm_skeptics_view.php.
9. 정보라, 〈따로국밥 전자책 DRM, 2013년 표준안 나온다〉, 블로터, 2011년 10월 20일, http://www.bloter.net/archives/80272.

고 시장을 확대하는 긍정적인 측면도 가지고 있다.

지금까지 정보의 4가지 특성에 대해 알아보고 이들이 정보의 가격 결정, 마케팅, 패키징, 지식 재산권 (보호가 아닌) 관리 이슈에 어떤 영향을 미치는지 살펴보았다. 그렇다면 이러한 특성을 지닌 정보를 파는 기업은 이렇게 어렵고 복잡한 문제를 어떻게 해결해야 하는가? 근본적으로는 다음의 다섯 가지 원칙에 기반을 두고 접근하기를 권한다.

- 정보의 가격은 가치에 근거해 결정해야 한다(Value-based Pricing).
- 공짜를 최대한 활용해야 한다(Free as a Strategy).
- 정보는 다양한 형태로 제공해야 한다(Versioning and Bundling).
- 최대한 경험하게 해야 한다(Maximizing User Experience).
- 불법 복제를 최대한 활용해야 한다(Help from Potential Customers).

이어지는 글에서는 이러한 정보재의 특성을 '공짜' 관점에서 재해석한다. 또한 가격 결정, 패키징 등의 이슈는 5부 〈수익: 공짜 세상에서 어떻게 돈을 벌 것인가?〉에서 사례와 함께 자세히 다룬다.

비즈니스의 특성에 따라 이러한 원칙을 적용하는 데서 발생하는 어려움이 다를 것이다. 사례별로 구체적인 토론을 원하는 분들은 웹북(http://organicbusiness.pressbooks.com/chapter/4-characteristics-ofinformation/)의 댓글과 오가닉미디어랩의 블로그(http://organicmedialab.com/), 페이스북(https://www.facebook.com/sangkyu.rho) 등을 통해 의견을 남겨 주시기 바란다.

03 정보는 공짜가 되기를 바란다
Information Wants To Be Free

"정보는 공짜가 되기를 바란다Information wants (should) to be free"는 해커들의 윤리 중 하나다.[1] 거의 20년의 세월이 흐르는 동안 이 문장은 다양하게 해석되어 왔지만 크게 두 가지 의미가 있다. 하나는 정보는 자유로워야 한다는 것이고, 다른 하나는 정보는 공짜여야 한다는 것이다. 이 글에서는 공짜라는 관점에서 이 문장을 해석해 보고자 한다.

인터넷의 발전과 더불어 우리가 얻게 된 좋은 점은 많은 콘텐츠·서비스를 공짜로 쓰고 있다는 것이다. 뉴스, 검색, 이메일, 클라우드, 동영상, 음악, 게임 등 수많은 서비스를 사용하지만 한 푼도 내지 않고

---

1. Steven Levy, *Hackers*, O'Reilly, 1984.

사용하는 경우가 대부분이다. 심지어 이 책(웹북 및 전자책)도 공짜다. 물론 사업자 입장에서는 지옥 같겠지만 소비자 입장에서는 천국이라 할 수 있다. 그렇다면 왜 이런 일이 일어나는지, 진정으로 정보는 공짜일 수밖에 없는지에 대해 알아보자.

물은
아래로 흐른다(P=MC)

경제학에서 배우는 가장 기초적인 모형 중 하나인 '베르트랑 경쟁 모형Bertrand competition model'[2]에 따르면 완전경쟁 시장에서는 가격이 한계비용에 수렴한다고 한다(P=MC). 그렇다면 무한한 공급과 한정된 수요를 가진 인터넷 시장은 지금까지 우리가 경험한 시장 중에서 완전경쟁 시장에 가장 가깝다고 할 수 있다. 그런데 인터넷상에서 제공되는 정보의 경우 한 단위를 생산하고 유통하는 데 드는 비용(즉 한계비용)이 0이라 할 수 있으므로 정보의 가격은 0으로 수렴하게 된다.

이는 마치 중력에 의해 물이 아래로 흐르는 것과 마찬가지라 할 수 있다. 물이 아래로 흐르지 못하게 하려면 무엇인가로 막아야 하듯이, 정보의 가격도 무엇인가(예를 들어 편리함, 차별화된 가치 등)가 막지 않으면 0이 될 수밖에 없는 세상이 온 것이다.

---

2. "Bertrand competition," *Wikipedia*, http://en.wikipedia.org/wiki/Bertrand_competition.

공유는
가격을 낮춘다

인터넷은 과거에는 불가능했던 규모의 정보·지식의 공유를 가능케 했다. 이러한 대규모의 정보·지식의 공유는 공짜 대안을 만들어 낸다. 공짜 대안은 크게 두 가지 형태로 나타난다. 하나는 불법적인 공유이고, 다른 하나는 합법적인 공유다.

불법적인 공유의 대표적인 예는 불법 복제라 할 수 있다. 초기의 냅스터나 소리바다 같은 P2P 서비스는 음악 파일 불법 공유의 온상이었고, 최근에는 웹하드나 토렌트[3] 서비스를 이용하여 동영상을 비롯한 다양한 정보가 불법으로 공유되고 있다. 이러한 불법 공유는 크게 두 가지 측면에서 근절하기 어렵다.

첫째, 많은 네티즌이 불법 복제를 불법이라고 생각하지 않으며 적발하기도 매우 어렵다는 것이다. 둘째, 불법이기는 하지만 품질 면에서 떨어지지 않기 때문에 합법적인 유료 정보(콘텐츠)에 비해 매우 저렴한 대안이 된다는 것이다. 따라서 불법 공유를 완벽하게 없애는 방법은 존재하지도 않거니와 존재한다 해도 너무 많은 비용이 들어 현실적으로 불가능하다.

합법적인 공유의 대표적인 예로는 위키피디아Wikipedia나 오픈 소스 소프트웨어Open Source Software[4]와 같은 집단지성collective intelligence을 들

---

3. 〈비트토렌트〉, 위키피디아, https://ko.wikipedia.org/wiki/%EB%B9%84%ED%8A%B8%ED%86%A0%EB%A0%8C%ED%8A%B8.

수 있다. 위키피디아는 수많은 저자들이 자신의 지식을 공유함으로써 브리태니커 같은 백과사전의 대안을 만들어 냈다. 오픈 소스 소프트웨어 중 하나인 리눅스Linux[5] 또한 마이크로소프트에 커다란 골칫거리[6]를 제공했다. 물론 유료로 제공되는 정보와 견주어 부족한 부분이 있겠지만 공짜이기에 충분히 유료 콘텐츠의 대안이 되는 것이다.

　결론적으로 불법이든 합법이든 정보기술은 대규모의 공유·협업을 가능하게 만들었고, 이는 '유료'가 '공짜'와 경쟁할 수밖에 없는 환경을 만들게 되었다.

공짜가
기준가다

인터넷과 함께 태어난 세대는 인터넷의 정보는 당연히 공짜라고 생각한다. 공짜가 인터넷 세대의 심리적 기준가anchor price가 된 것이다. 심리적 기준가란 소비자들이 어떤 제품군에 대해 가지고 있는 기대 가격을 일컫는데, 이는 사람들의 의사 결정에 지대한 영향을 미친다.[7] 예

---

4. 〈오픈 소스 소트트웨어〉, 위키피디아, http://ko.wikipedia.org/wiki/%EC%98%A4%ED%94%88_%EC%86%8C%EC%8A%A4_%EC%86%8C%ED%94%84%ED%8A%A%

5. 〈리눅스〉, 위키피디아, http://ko.wikipedia.org/wiki/%EB%A6%AC%EB%88%85%EC%8A%A4.

6. Steven J. Vaughan-Nichols, "Linux servers keep growing, Windows & Unix keep shrinking," *ZDNet*, Mar 15, 2012, http://www.zdnet.com/article/linux-servers-keep-growing-windowsunix-keep-shrinking/.

7. Dan Ariely, *Predictably Irrational*, Harper Collins, 2009.

를 들어, 커피 한 잔의 심리적 기준가는 3500원(스타벅스 아메리카노 가격 수준) 정도일 것이다. 만약 비슷한 커피가 7000원이라면 아무리 좋은 커피라 할지라도 소비자 입장에서는 바가지라고 생각하게 된다.

인터넷 세대는 인터넷상의 모든 정보가 공짜여야 한다고 생각할 뿐 아니라 품질에 대한 기대치도 매우 높다. 이러한 상황과 바로 아래에서 설명할 심리적 거래비용mental transaction cost을 고려하면 유료화가 불가능하지는 않더라도 매우 어렵다고 할 수 있다.

공짜라면
양잿물도 마신다

《프리》의 저자 크리스 앤더슨은 세상에는 공짜와 공짜가 아닌 두 가지 가격이 존재하며 이 두 가격이 만들어 내는 시장은 완전히 다른 모습을 보인다고 주장한다. 이러한 관점에서 보면 공짜는 새로운 시장에 진입할 때 가장 효과적인 무기이자 (잠재적인) 경쟁자의 시장 진입을 막을 수 있는 무기다.

우리는 경제적으로 거의 의미가 없을 정도로 낮은 가격(예를 들어 1000원)이라도 돈을 지불해야 하는 경우에는 사고자 하는 제품·서비스에 충분한 가치가 있는지를 생각하게 된다고 한다. 이를 심리적 거래 비용[8]이라 일컫는데, 이러한 심리적 비용 때문에 0원과 1000원의 차이

---

8. Nick Szabo, "Smart contracts reduce mental transaction costs," *Unenumerated*, Apr 14, 2006, http://unenumerated.blogspot.kr/2006/04/smart-contracts-reduce-mental.html.

가 1000원과 1만 원의 차이보다 크다고 할 수 있다. 즉 돈을 한 푼이라 도 받는 것이 가격을 올려 받는 것보다 훨씬 어렵다. 예를 들어 스마트 폰 애플리케이션을 구매할 때 유료 애플리케이션을 살 것인지 말 것인 지가 훨씬 큰 고민이지 사기로 결정하면 가격은 크게 문제 되지 않을 수 있다.

다른 관점에서 보면 공짜는 비합리적인 소비를 조장한다.[9] "공짜라 면 양잿물도 마신다"는 옛 속담도 있듯이, 소비자들은 공짜에 비합리 적일 정도로 매우 민감하게 반응한다.

예를 들어, 아마존에서 25달러 이상 구매 고객에게 무료 배송 서비 스를 시작하자 프랑스를 제외한 모든 나라에서 책을 추가로 구매하는 고객의 수가 폭발적으로 증가했다고 한다. 프랑스의 경우에는 실수로 배송비를 무료가 아니라 1프랑(200원 정도)으로 표시해 추가 구매 효과 를 보지 못한 것이었다. 아마존이 이를 수정한 뒤에는 프랑스에서도 다른 나라에서와 같은 결과가 나왔다고 한다.[10] 공짜와 200원 사이에 는 심리적으로 엄청난 장벽이 있는 것이다.

결과적으로, 가격이 0일 때의 수요는 가격이 아주 저렴할 때의 수요 의 몇 배, 몇 십 배에 달한다. 즉 공짜는 시장을 공략하는 데 가장 효 과적인 무기인 셈이다. 특히 한계비용이 0인 정보의 경우에는 비용이 들지 않으므로 더욱 효과적이라 할 수 있다.

그 밖에도 정보가 공짜일 수밖에 없는 다양한 이유를 들 수 있다.

9. Dan Ariely, *Predictably Irrational*, Harper Collins, 2009.
10. Chris Anderson, *Free*, Hyperion, 2010.

정보가 공짜이거나 공짜에 수렴할 수밖에 없다는 것은 더 이상 논란의 여지가 없다.

이쯤에서 독자들은 대부분 두 가지 반응을 보인다. 하나는 '그럼 도대체 어떻게 돈을 벌라는 말인가?'이고 다른 하나는 '나와는 별로 상관없는 일이네'다.

첫 번째 반응에 대한 답은 이 책의 5부 〈수익: 공짜 세상에서 어떻게 돈을 벌 것인가?〉의 주제이기도 하다. 두 번째 반응에 대한 답은 어떤 산업에 있든지 잠재적인 경쟁자가 공짜를 무기로 진입할 수밖에 없고, 이러한 정보경제의 원리를 이해하지 못한다면 손도 한번 못 써보고 도태될 수밖에 없다는 것이다.

이미 신문, 텔레비전 같은 전통 미디어는 네이버, 구글, 유튜브, 페이스북 같은 기업의 희생양이 되었고, 반즈앤드노블Barnes & Noble이나 베스트바이Best Buy 같은 유통 업체들은 아마존과 이베이 같은 기업의 제물이 되고 있다. 정보기술이 닿는 곳에서는 가격 혁명(즉 공짜화)이 일어날 수밖에 없다는 사실을 명심해야 한다.

모든 것이 공짜가 되는 세상에서 수익 모델이 구체적으로 어떻게 달라져야 하는지는 5부에서 자세히 다룰 것이다.

네트워크 간의 경쟁이다

수확체감과 수확체증의 세상

Organic Media Lab, 2015

	수확체감 (Decreasing Returns)	수확체증 (Increasing Returns)
제품 유형	물리적 자원 기반	정보/네트워크 기반
경쟁 구도	시장내 경쟁	시장 창출
경쟁 환경	예측가능/균형	불확실/불안정
경쟁 방법	벤치마킹/최적화	러닝/적응

연결이 지배하는 세상에서는 경쟁의 원리, 방법, 대상이 바뀐다. 여기서는 독점하지 않으면 망하지만 영원한 독점도 불가능하다. 제품 간의 경쟁이 아닌 네트워크 간의 경쟁이란 무엇인가?

제3부에서는 네트워크 시장에 진입하기 위해 알아야 할 경쟁의 본질과 작동 원리, 대응 방법 등을 알아본다. 페이스북, 아마존 등의 사례를 통해 네트워크 효과와 규모의 경제를 기반으로 한 선순환 구조를 이해한다.

01 넘버원이 아니라 온리원이다
Not to be Number One, but to be Only One

페이팔 마피아의 일원으로 페이스북 등에 초기 투자했던 피터 틸은 《제로 투 원》[1]에서 새로운 시장을 창조하고(0 to 1) 그 시장을 독점해야 한다고 강조했다. 이미 존재하는 시장에 n번째로 진입하는 경쟁을 피할 것을 당부하고 있다. 그러나 여전히 대부분의 기업은 새로운 시장을 창출하기보다는 이미 시장에서 자리 잡기 시작한 비즈니스를 벤치마킹하는 방법을 택하고 있는 것이 현실이다.

이 글에서는 왜 이런 방법이 연결된 세상에서 더 이상 통하지 않는지, 왜 독점(1)이거나 망하거나(0)일 수밖에 없는지 오가닉 비즈니스의

---

1. Peter Thiel, *Zero to One*, Crown Business, 2014.

원리를 살펴보고, 오가닉 비즈니스 시장에서는 경쟁을 어떤 관점에서 접근해야 하는지 정리해 보고자 한다.

왜 넘버원이 아니라
온리원인가?

1) 네트워크 간의 경쟁은 수확체증 법칙을 따른다

네트워크 시장은 수확체증Increasing Returns to Scale의 법칙이 존재하는 시장이다. 수확체증이란 간단히 말해 앞서 나가는 비즈니스는 더 앞서 나가고 뒤처지는 비즈니스는 더 뒤처질 수밖에 없는 경향을 말한다.[2]

수확체증이 존재하는 경쟁, 산업, 시장에는 한마디로 승자 독식(독점)이 존재할 수밖에 없다. 즉 오가닉 비즈니스에서는 (디지털 세계가 그러하듯이) 0과 1만이 존재한다. 구글(검색 및 검색 광고), 이베이(경매), 페이스북(친구 네트워크), 아마존(책) 등이 (적어도 이익 측면에서는) 승자 독식의 대표적인 사례다.

정보와 네트워크를 기반으로 한 수확체증 세상에서의 경쟁 규칙과 방법은 물리적 자원을 기반으로 한 수확체감 세상에서의 경쟁 규칙 및 방법과 다를 수밖에 없다. 수확체증 세상에서의 경쟁은 시장 또는 산업 내에서의 경쟁이 아니라 새로운 시장을 창출하는 것이다. 하지만 여전히 많은 기업들이 수확체증 세상에서 수확체감 세상의 경쟁 전략

---

2. Brian Arthur, "Increasing Returns and the New World of Business," *Harvard Business Review*, 1996.

수확체감과 수확체증의 세상

Organic Media Lab, 2015

	수확체감 (Decreasing Returns)	수확체증 (Increasing Returns)
제품 유형	물리적 자원 기반	정보/네트워크 기반
경쟁 구도	시장내 경쟁	시장 창출
경쟁 환경	예측가능/균형	불확실/불안정
경쟁 방법	벤치마킹/최적화	러닝/적응

우리에게 익숙한 수확체감 세상의 경쟁 규칙과 방법은 수확체증 세상에서는 더 이상 통하지 않는다. 새로운 세상에서는 항상 변하고 예측이 불가능한 시장에 적응하고 배우면서 자신만의 비즈니스를 성장·진화시키는 것만이 살아남는 방법이다.

을 펼치고 있다는 점에서 문제가 발생한다.

2) 네트워크 간의 경쟁에서는 영역 간 경계가 없다

과거에는 산업의 구분이 명확했고 기업은 이 안에서 경쟁사보다 더 나은 제품을 더 낮은 가격에 제공하면 되었다. 목표가 명확했기 때문에 경쟁사를 벤치마킹(모방?)하고 최적화를 통해 효율성을 높이는 방법이 통했다.

하지만 네트워크 간의 경쟁에서는 벤치마킹이라는 것이 의미가 없다. 기능은 베낄 수 있을지 몰라도 경쟁사가 가진 네트워크라는 자산을 베낄 수는 없기 때문이다. 누가 지금 와서 페이스북과 동일한 서비

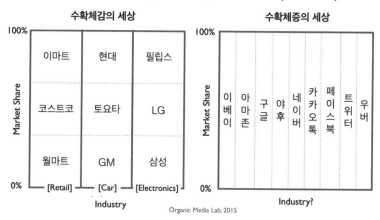

경쟁의 구도 (Landscape of Competition)

수확체감의 세상

이마트	현대	필립스
코스트코	토요타	LG
월마트	GM	삼성
[Retail]	[Car]	[Electronics]

Market Share (100% ~ 0%) / Industry

수확체증의 세상

이베이 / 아마존 / 구글 / 야후 / 네이버 / 카카오톡 / 페이스북 / 트위터 / 우버

Market Share (100% ~ 0%) / Industry?

Organic Media Lab, 2015

수확체증 세상에는 산업의 경계가 존재하지 않는다. 각각의 기업이 자신만의 시장에서 독점을 하는 반면 누구라도 경쟁자가 될 수 있다.

스를 만들려고 한다면 미쳤다고 할 것이다. 하지만 많은 기업들이 이런 실수(네이버의 미투데이, 삼성의 챗온, 삼성의 바다, 구글의 구글 플러스 등)를 반복하고 있다.

네트워크 간의 경쟁이란 결국 새로운 시장(네트워크)을 발견해 가는 과정이다. 즉 모든 비즈니스가 자신만의 시장을 가지고 그 안에서 독점을 하는 구도다. 구글, 아마존, 페이스북 등은 자신만의 시장에서 독점을 하고 있다. 반면, 영역의 경계가 없기 때문에 이 독점 기업들 간의 경쟁 또한 항상 동시에 존재한다. 실제로 구글, 아마존, 페이스북은 검색, 광고, 커머스, 소셜 네트워크 등의 분야에서 경쟁하고 있다.

여러분의 비즈니스가 만드는 시장의 규모가 구글이나 아마존같이 클 수도 있겠지만 오가닉미디어랩이 추구하는 것처럼 작은 시장일 수도 있다. 중요한 것은 그 시장이 그 기업의 생존에 충분한 규모이고 독점을 할 수 있느냐다. 《디퍼런트》[3]와 이유는 다르지만 넘버원이 아니라 온리원이 되어야 한다는 결론은 같다.[4]

3) 경쟁의 목적이 곧 승자 독식이다

수확체증 세상에서는 수확체감 세상(산업 경제학)에서 이야기하는 균형점equilibrium이 존재하지 않는다. 항상 한쪽(0 또는 1)으로 쏠릴 가능성이 매우 높다. 또한 기술의 발전과 사용자의 참여로 시장이 시시각각 변하지만 미래가 이떻게 펼쳐질지 예측히는 것은 불가능하다.

수확체증의 법칙에 따라 움직이는 네트워크 시장에서는 예측이 불가능하고 불안정할 뿐 아니라 모방할 대상이 없기 때문에 고객과 시장에 대해 배우고 이에 적응하는 방법만이 통한다. 장기적인 계획을 세우고 이를 달성하기 위해 최선을 다하는 것이 아니라 작은 실행을 통해 고객을 배우고 적응하며 자신만의 네트워크를 성장시키고 진화시켜야 하는 것이다.[5]

결국 네트워크 간의 경쟁이 수확체증의 법칙에 따라 움직인다는 것은, 경쟁의 목적이 승자 독식이 될 수밖에 없다는 뜻이다. 어떻게 승자 독식을 달성할 것인가? 수확체증을 극대화하고 이를 방해하는 요소들을 제거해야 한다.

---

3. Youngme Moon, *Different*, Crown Business, 2011.
4. 한글 번역본에는 '넘버원을 넘어서 온리원으로'라는 구절이 표지에 나오지만 원서에는 나오지 않는다.
5. 윤지영, 《오가닉 미디어》, 21세기북스, 2014

네트워크 효과와 규모의 경제의
이중 작용이 필요하다

수확체증이 일어나는 이유는 네트워크 효과와 규모의 경제 효과로 인한 양의 피드백positive feedback 메커니즘이 이중으로 작동하기 때문이다.

1) 클수록 더 가치 있다(The Bigger, the Better)

수확체증이 일어나는 첫 번째 이유는 네트워크 효과로 인해 네트워크가 크면 클수록 제품·서비스의 가치가 높아진다는 점이다. 예를 들어, 페이스북과 똑같은 기능을 가진 신규 서비스의 가치와 페이스북의 가치를 비교할 수는 없다. 네트워크 효과는 더 많은 사용자의 참여가 네트워크의 가치를 높이고, 더 높은 네트워크 가치는 더 많은 사용자의 참여를 이끌어 내는 양의 피드백 메커니즘을 가지고 있다. 이는 서비스 가치의 측면에서 선순환 고리를 만든다.

2) 클수록 더 저렴하다(The Bigger, the Cheaper)

수확체증이 일어나는 두 번째 이유는 규모의 경제 효과로 인해 네트워크가 크면 클수록 제품·서비스의 원가가 낮아진다는 점이다(사실 오가닉 비즈니스에서 제품 원가를 고려한다는 것은 무의미하다). 오가닉 비즈니스에서는 대부분의 경우 한계비용이 0이고 수요만 있다면 무한 공급이 가능하다.

예를 들어, 페이스북과 같은 서비스의 고정비용은 사용자의 수와 직접적인 관계가 없다. 가입자가 한 명 추가된다고 즉각적으로 비용이 증가하지 않는다. 따라서 사용자 규모가 크면 클수록 원가(=고정비용/사용자 수)가 낮아질 수밖에 없고 사용자당 매출이 같다고 하더라도 네트워크의 규모가 커질수록 비용 측면에서 더욱 유리해진다.

3) 아마존의 플라이휠: 2개의 연결고리

이렇게 가치와 비용 측면에서 양의 피드백 메커니즘이 작동하기 때문에 수확체증이 일어나고, 수확체증은 결국 승자 독식(독점)에 이르게 한다. 수확체증의 메커니즘을 가장 잘 활용하는 기업 중 하나는 아마존이다. 아마존은 네트워크 효과를 기반으로 한 선순환 고리에, 규모의 경제에서 오는 원가 경쟁력을 최대한 반영시키고 있다.

　　다음 쪽의 그림은 제프 베조스가 냅킨에 그린 것으로 알려진 아마존의 플라이휠flywheel[6]이다.(플라이휠[7] 개념은 짐 콜린스의 《좋은 기업을 넘어 위대한 기업으로》에서 제시되었다.[8])

　　이 그림에는 2개의 고리가 있는데 하나는 네트워크 효과를 기반으로 한 선순환 고리(고객 경험Customer Experience−트래픽Traffic−판매자Sellers−선택의 폭Selection)이고, 다른 하나는 규모의 경제를 기반으로 한 선순환 고리(성장Growth−저비용 구조Lower Cost Structure−더 낮은 가격Lower Price−고객 경험)다. 이 2개

---

6. Benedict Evans, "Why Amazon Has No Profits(And Why It Works)," *Andreessen Horowitz*, Sep 5, 2014, http://a16z.com/2014/09/05/why-amazon-has-no-profits-and-why-it-works/.
7. Jeff Haden, "Best From the Brightest: Jim Collins' Flywheel," *Inc.*, Jan 21, 2014, http://www.inc.com/jeff-haden/the-best-from-the-brightest-jim-collins-flywheel.html.
8. Jim Collins, *Good to Great*, Harper Business, 2001.

아마존의 수확체증 메커니즘: 'Amazon Flywheel'

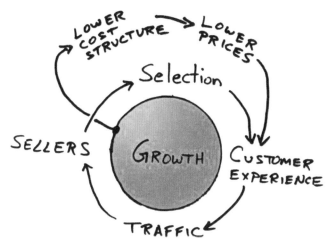

Image Source: http://www.amazon.co.uk/b?ie=UTF8&node=2610308031

짐 콜린스의 플라이휠에 대한 강의를 듣고 제프 베조스가 냅킨에 그렸다는 아마존의 플라이휠은 네트워크 효과를 기반으로 한 선순환 고리와 규모의 경제를 기반으로 한 선순환 고리가 이중으로 작동한다.

의 고리는 2개의 연결점이 있는데 하나는 그림에 명확하게 표시된 고객 경험이고 다른 하나는 암묵적으로 표시된 성장이다.

2개의 선순환 고리가 2개의 연결점으로 이어져 더 강력한 선순환 구조(즉 수확체증)를 만드는 것이다. 이러한 수확체증의 메커니즘을 제대로 활용하지 않고 경쟁에서 승리하기 위해 성장에 돈을 쏟아붓는 것(이른바 '빠른 성장Get Big Fast' 전략)은 제살 깎아먹기[9]에 불과하다.

안전하고 영원한
승자독식은 없다

하지만 이러한 선순환 구조에도 불구하고 네트워크 경쟁의 현실은 훨씬 더 복잡하다. 승자 독식이 되지 않는 경우가 종종 발생하기도 하고 승자가 하루아침에 바뀌기도 한다.

경쟁의 경계가 없는 네트워크 시장에서 완전한 승자 독식 또는 안전한 승자 독식이란 사실상 존재하지 않는다. 대부분의 독점 기업은 자신의 영역에서는 독점이라 할지라도 서로 간에 중복되는 영역이 항상 존재하고 언제든지 새로운 스타트업이나 기존의 기업에 침범당할 가능성이 있다. 기존과는 다른 구도의 경쟁이다.

과거에는 영역의 경계가 뚜렷하고 그 안에서 기업 간의 경쟁이 일어났다면 이제는 시장의 영역 안에서는 하나의 기업이 살아남는 대신, 영역 간의 경쟁도 일어난다고 할 수 있다. 즉 경쟁이 없어지는 것이 아니라 구도가 바뀐 것이다.

승자 독식은 주어지는 것이 아니라 만들어 가는 것이다. 네트워크 효과와 규모의 경제를 기반으로 한 선순환 구조를 만들고, 경계 없는 경쟁을 위해 지속적으로 네트워크를 키움으로써 승자 독식으로 진화하는 것이다.

9. Ben Popper, "Greed is Groupon: can anyone save the company from itself?" *The Verge*, March 13, 2013, http://www.theverge.com/2013/3/13/4079280/greed-is-grouponcan-anyone-save-the-company-from-itself.

물론 더욱 강력해진 승자 독식 현상이 그동안 산업 경제에서 겪지 못했던 새로운 사회·경제적 문제를 일으키는 것은 틀림없다. 데이터의 독점, 실업 등 다양한 문제가 존재하지만 과거의 틀로 이러한 문제를 해결하려는 노력은 전혀 도움이 되지 않는다. 이 글에서는 오가닉 비즈니스에서 왜 경쟁의 목적이 승자 독식이 될 수밖에 없는지, 어떤 메커니즘으로 승자 독식이 일어나고 그 의미는 무엇인지를 수확체증의 관점에서 분석했다. 이 범위를 벗어나는 주제는 다른 컨텍스트에서 다루어지기를 바란다.

02 네트워크 효과, 왜 사용자 규모가 아니라 연결인가?

Network Effects: Focus on Links NOT on Nodes

네트워크라고 하면 사업자들은 막연히 '네트워크 효과'를 떠올린다. 하지만 사용자 수를 많이 확보하면 자동적으로 일어나는 것이 과연 네트워크 효과일까? 인터넷 스타트업은 대부분 사용자 수를 어떻게 늘릴 것인지에 혈안이 되어 있다. 삼성전자, SKT, KT 같은 대기업도 마찬가지다. 이들은 다음 쪽의 그림과 같은 이른바 '하키 스틱' 그래프를 꿈꾸며 어려움과 배고픔을 참는다.

이들은 사용자 수가 많아질수록 '네트워크 효과'에 의해 자신들의 서비스 가치가 기하급수적으로 증가하고, 이에 따라 높은 기업 가치를 인정받을 것이라고 기대한다. 하지만 사용자 수를 늘리는 것이 오가닉 비즈니스의 성공을 보장하지 않는다는 것이 문제다. 사용자 수가 저절로 네트워크 효과를 발생시키지 않기 때문이다. 이 글에서는

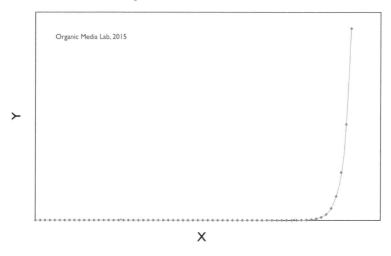

Exponential Growth

Organic Media Lab, 2015

Y

X

모든 기업은 기하급수적으로 성장하는 네트워크 효과를 꿈꾼다(그래프는 $y = 2^x$).

네트워크 간의 경쟁에서 살아남기 위해 필수적인 네트워크 효과를 발생시키는 것이 무엇인지 정확히 이해하는 시간을 갖고자 한다. 이를 위해 페이스북의 사례를 사용자 규모, 기업 가치 관점에서 분석하고 시사점을 도출했다.

오해: 네트워크 효과는 사용자 수를 기반으로 한다

1) 네트워크 효과의 정의
네트워크 효과는 같은 제품을 소비하는 사용자 수가 늘어나면 늘어날

수록 그 제품을 소비함으로써 얻게 되는 효용이 더욱 증가하는 현상을 일컫는다.[1]

이제는 한물 간 팩스가 유명한 예다. 팩스는 팩스를 가진 사람들 간의 문서 교환 도구다. 따라서 팩스를 사용하는 사람이 나밖에 없는 경우 팩스는 전혀 쓸모가 없다. 반대로 팩스 사용자가 많을수록 그 가치가 높아져 팩스 소비가 증가하고, 이에 따른 팩스 사용자 수의 증가는 다시 팩스의 가치를 높인다.

이러한 현상은 페이스북과 같은 소셜 네트워크 서비스, 카카오톡과 같은 메신저 서비스 등 거의 모든 오가닉 비즈니스에서 나타난다. 이러한 네트워크 효과는 일반적으로 제품의 사용자 수에 비례하며, 선형적으로 증가하는 것이 아니라 기하급수적으로 증가한다고 알려져 있다.

2) 멧커프 법칙의 이론과 현실

많은 사람들이 알고 있는 '멧커프의 법칙Metcalfe's Law'[2]이 이러한 네트워크 효과를 설명하는 이론이다(수학적으로 엄밀히 이야기하자면 멧커프의 법칙은 기하급수적인 증가는 아니다). 스리콤3Com의 설립자이자 대부분의 LAN에서 사용되는 이더넷Ethernet이라는 네트워킹 기술을 개발한 밥 멧커프Bob Metcalfe에 따르면 네트워크의 유용성은 사용자 수(n)의 제곱

---

1. Carl Shapiro and Hal R. Varian, *Information Rules*, Harvard Business Review Press, 1998, p. 13.
2. "Metcalfe's law," *Wikipedia*, https://en.wikipedia.org/wiki/Metcalfe's_law.

멧커프의 법칙(Metcalfe's Law)

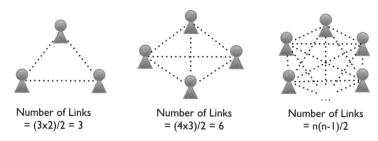

| Number of Links = (3x2)/2 = 3 | Number of Links = (4x3)/2 = 6 | Number of Links = n(n-1)/2 |

Network Value = Number of links in a fully connected network x Value per link

Organic Media Lab, 2015

멧커프의 법칙에 따르면 네트워크의 가치는 가능한 모든 링크의 수에 비례한다.

에 비례한다고 한다.

즉 사용자 수가 10배가 되면 네트워크의 가치가 100배가 되는 것이다. 예를 들어 현재 팩스를 가진 사람이 세 명인 경우 1대 1로 연결 가능한 방법은 세 가지다. 한 명이 더 추가되어 네 명인 경우에는 여섯 가지가 된다. n명의 경우 n(n−1)/2가지다. 멧커프는 이러한 논리로 네트워크의 가치가 사용자 수의 제곱에 비례하여 증가한다고 결론지었다. 예를 들어 n이 1000에서 1만으로 10배 증가한 경우 네트워크의 가치는 49,995,000/499,500배, 즉 100배 증가한다.

하지만 현실에서도 이 법칙을 적용할 수 있을까? 위의 주장을 다시 살펴보면 네트워크의 가치는 사용자 수가 아니라 연결의 수[n(n−1)/2]에 정비례한다는 것을 알 수 있다. 사용자 수가 늘어도 연결이 실질적으로 늘지 않는다면 네트워크 효과는 기대할 수 없는데, 멧커프의 모델에서는 '무조건 연결'을 가정했기 때문이다. 네트워크의 가치가 노드 수의 제곱에 비례하여(또는 기하급수적으로) 증가한다는 것은 이론적인 최대치를 가정한 것이다. 그러나 현실에서는 다르다. 네트워크의 가치는 실제 발생하는 링크 수에 비례하여 증가한다고 보는 것이 정확할 것이다.

사례: 페이스북의 네트워크 가치는 무엇을 기반으로 하는가?

그렇다면 실제로 페이스북의 가치가 사용자(노드) 수, 그리고 친구 관계(링크) 수와 어떻게 관련되는지 살펴보자. 이 분석은 시장가치market capitalization가 네트워크의 가치를 잘 나타낸다는 가정하에 진행되었다. 다음의 분석은 페이스북 등에서 공개한 데이터를 이용했으며, 학술적으로 엄격한 분석이라기보다는 독자 여러분의 이해를 돕기 위한 것임을 밝혀 둔다.

1) 사용자 수의 제곱에 비례하지 않는다

다음 쪽의 그림은 페이스북의 사용자 수가 증가함에 따라 시장가치가 어떻게 증가했는지 보여준다. 물론 주가는 변동성이 심하기 때문에 주의 깊게 해석해야 하지만, 사용자 수가 증가함에 따라 시장가치가 빠르게 증가하는 것을 볼 수 있다. 하지만 멧커프의 법칙처럼 사용자 수의 제곱에 비례했을까?

사용자 수가 약 1억 4000만 명에서 14억 명으로 10배가량 증가했지

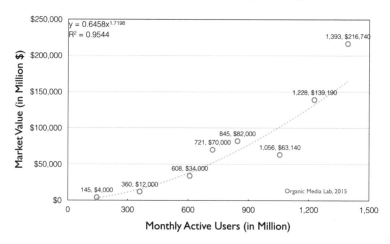

Facebook 시장가치 대비 사용자 수

$y = 0.6458x^{1.7198}$
$R^2 = 0.9544$

1,393, $216,740

1,228, $139,190

845, $82,000
721, $70,000

1,056, $63,140

608, $34,000

360, $12,000
145, $4,000

Organic Media Lab, 2015

Market Value (in Million $)

Monthly Active Users (in Million)

페이스북의 사용자 수와 시장가치의 관계를 나타낸 그래프. 사용자 수의 증가에 따라 시장가치가 빠르게 증가하지만 사용자 수의 제곱에 비례하여 증가하지는 않는다(IPO 이전 시장가치: http://venturebeat.com/2011/09/27/facebook-valuation-sharespost/, 사용자 수: http://www.theguardian.com/news/datablog/2014/feb/04/facebook-innumbers-statistics).

만 시장가치는 40억 달러에서 2160억 달러로 50배 조금 넘게 증가했다. 우리가 일반적으로 알고 있는 네트워크 효과에 따르면 사용자 수가 10배 증가하면 사용자 가치가 10배 늘어서 네트워크의 가치가 100배(=10^2) 증가해야 하겠지만 실질적으로는 약 50배가 증가한 것이다.

2) 그러나 친구 관계의 수에 비례한다

반면 다음 쪽의 그림은 페이스북의 친구 관계 수가 증가함에 따라 시장가치가 어떻게 증가했는지 보여준다. 시장가치가 친구 관계 수와 비례하여 증가하고 있음을 알 수 있다.

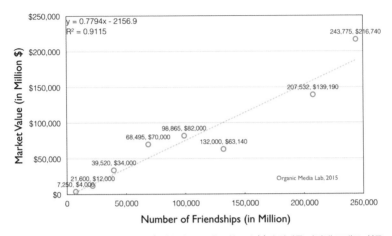

Facebook 시장가치 대비 친구 관계 수

y = 0.7794x - 2156.9
R² = 0.9115

243,775, $216,740

207,532, $139,190

98,865, $82,000

68,495, $70,000

132,000, $63,140

39,520, $34,000

Organic Media Lab, 2015

21,600, $12,000
7,250, $4,000

Number of Friendships (in Million)

Market Value (in Million $)

페이스북의 시장가치와 친구 관계 수(=사용자 수 x 평균 친구 수/2)의 관계를 나타낸 그래프. 친구 관계 수에 비례하여 시장가치가 증가하는 것을 볼 수 있다(사용자의 평균 친구 수는 http://www. quora.com/How-many-friends-does-a-Facebook-user-have-onaverage-and-what-is-the-distribution-of-friends-numbers, http://www.pewresearch.org/fact-tank/2014/02/03/6-new-facts-aboutfacebook/, http://www.huffingtonpost.com/2011/11/19/the-average-facebookuser_n_1102902.html 등을 참조하여 수집했다).

이를 조금 더 명확히 보기 위해 다음과 같이 친구 관계당 시장가치 market value per friendship가 사용자 수의 증가에 따라 어떻게 변하는지 살펴보았다. 사용자 수가 증가하더라도 친구 관계당 시장가치는 약 0.75 달러를 중심으로 오르내리는 모습을 볼 수 있다. 1달러가 넘을 때는 2012년 5월 신규상장Initial Public Offering, IPO을 하기 전 주가에 거품이 끼어 있을 때이고, 0.5달러 밑으로 떨어졌을 때는 IPO 이후 거품 논란이 일며 주가가 곤두박질쳤을 때다. 추세선은 매우 완만한 상승을 보이고 있지만 실질적으로는 큰 의미가 없다고 보는 것이 맞을 것이다.

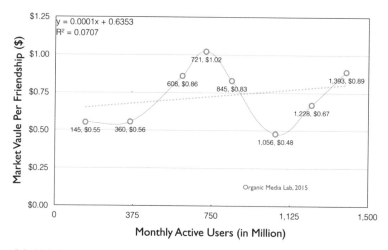

Facebook 친구 관계당 시장가치

y = 0.0001x + 0.6353
R² = 0.0707

Market Vaule Per Friendship ($)

145, $0.55
360, $0.56
608, $0.86
721, $1.02
845, $0.83
1,056, $0.48
1,228, $0.67
1,393, $0.89

Organic Media Lab, 2015

Monthly Active Users (in Million)

페이스북의 시장가치를 친구 관계 수로 나누어 친구 관계당 시장가치가 사용자 수의 증가에 따라 어떻게 변하는지 살펴보았다. 주가의 오르내림에 따라 요동을 치긴 하지만 추세는 큰 변화가 없는 것을 알 수 있다. 이는 페이스북의 시장가치가 친구 관계 수에 비례한다는 것을 보여준다.

즉 페이스북의 시장가치는 친구관계 수에 비례하여 증가한다고 볼 수 있다. 결론적으로 네트워크의 가치는 노드 수가 증가함에 따라 저절로 기하급수적으로 증가하는 것이 아니라 내가 만든 링크 수에 비례하여 증가하는 것으로 이해하는 것이 타당하다.

결론: 연결의 수가
네트워크 가치를 결정한다

네트워크의 가치가 노드(사용자)의 수가 아니라 링크(친구 관계) 수로 결정된다는 것은 새로운 비즈니스나 서비스를 시작하는 데 있어 매우 중요한 의미를 갖는다.

1) 많은 비용이 들고 좋은 기능이 있어도 초기 네트워크의 가치는 0이다

네트워크 효과가 강한 서비스의 경우 아무리 많은 비용이 들고 아무리 좋은 기능이 있다고 하더라도 그 서비스의 초기 가치는 0이다. 예를 들어, 누군가 페이스북을 벤치마킹하여 더 나은 기능을 가진 소셜 네트워크 서비스를 론칭했다면 그 서비스의 가치는 최소한 서비스 개발비용 정도는 되는 것인가? 그렇지 않다. 링크의 수가 0이기 때문에 서비스(네트워크)의 가치는 0이다. 서비스를 론칭하면 사용자들이 알아서 구름처럼 모일 것이라는 생각은 환상이다.

2) 사용자 수가 아니라 연결의 수를 늘리는 데 집중해야 한다

그렇다면 가치가 0인 서비스의 가치를 높이는 방법은 무엇인가? 사용자를 모으기 위해 이벤트를 하는 것인가? 사용자에게 더 좋은 기능을 추가하는 것인가? 그렇지 않다. 네트워크 효과가 발생하는 제품·서비스의 가치를 높이기 위해서는 사용자 수가 아니라 연결의 수에 집중해야 한다.

하지만 많은 기업들이 여전히 사용자 수를 늘리는 데 집중하고 있다. 이렇게 모은 사용자들은 서비스에 머물지 않는 경우가 대부분이다. 예를 들어, 이벤트를 통해 가입한 사용자들은 다시 돌아오지 않는다. 서로 연결될 가능성이 거의 없는 1000만 사용자의 집합은 아무 가치가 없다. 간혹 노드가 있어야 링크가 만들어지는 것이 아니냐는 질문을 받는다. 이때 나는 이렇게 답한다. "링크 하나가 생기면 2개의 노드가 딸려 온다"라고.

네트워크의 가치를 높이기 위해서는 무작정 (서로 연결되기 어려운) 사용자 수를 늘리기 위해 노력하기보다는 기존 사용자들의 연결(친구 관계 등)을 늘리기 위한 노력을 통해 자연스럽게 사용자 수를 늘려야 한다. 이러한 방법은 기존 사용자가 서비스에 머물 가능성을 높이고 새로운 사용자도 (이미 연결된 사용자가 있으므로) 다시 방문할 가능성을 높인다.

페이스북의 경우 초기에 친구가 10명 이상이 되면 활동적인 사용자가 되는 것을 발견하고 '알 수도 있는 사람People you may know'을 추천하기 시작했는데, 이 작은 변화가 페이스북의 성장에 큰 영향을 미친 것으로 알려져 있다.[3]

3) 오랜 기간 인내가 필요하다

연결의 수가 늘기 시작하면 당장 서비스의 가치가 생길 것처럼 생각되지만 실제로는 그렇지 않다. 첫째, 연결 하나하나의 가치는 매우 작다. 페이스북 같은 서비스도 친구 관계 하나의 가치가 채 1달러도 되지 않는다. 하물며 막 시작한 서비스의 연결 가치는 말할 나위가 없다. 이렇게 미미한 연결의 가치가 하나둘 모여 의미 있는 서비스 가치를 만드는 데는 상당한 시간이 걸릴 수밖에 없다.

---

3. Adam Pennenber, *Viral Loop*, Hyperion, 2009, p.208.

더구나 네트워크의 가치가 기하급수적으로 증가한다는 것은 반대로 보면 상당 기간 가치가 0에 가깝다는 것을 의미한다. 앞의 기하급수적 증가 그래프를 보면, 변곡점에 이르기 전까지 y값은 거의 0에 머물러 있다. 앞에서 강조했듯이, 네트워크 가치가 실질적으로는 기하급수적(이론적 최대치)으로 증가하지 못하기 때문에 더 오랜 기간 가치가 0에 머물 수밖에 없다.

따라서 서비스가 제대로 된 가치를 갖는 데는 서비스 론칭 이후 적어도 2년, 많게는 5년 이상 걸린다. 이는 출시되자마자 가치를 가지는 기능(노드 가치) 중심의 제품·서비스(예를 들어 날개 없는 선풍기, 워드프로세서)에 익숙한 경영자들에게는 매우 불확실하고 불안한 상황이다. 대부분의 경우 인내심을 갖지 못하고 사업을 접는다. 하지만 아마존의 창업자이자 대표인 제프 베조스가 강조했듯이,[4] 네트워크 경쟁에서 필요한 것은 인내심이다.

네트워크 경쟁에서 성공하기 위해서는 첫째 고객을 가장 우선으로 두고, 둘째 혁신하고, 마지막으로 인내해야 한다. 현재는 아마존의 주요 서비스가 되어, IBM과 같은 하드웨어 업체들을 위협하는 아마존 웹서비스Amazon Web Services, AWS는 거의 10년 전인 2006년에 미미한 서비

---

4. Paul Farhi, "Jeffrey Bezos, Washington Post's next owner, aims for a new 'golden era' at the newspaper," *Washington Post*, September 3, 2013, http://www.washingtonpost.com/lifestyle/style/jeffrey-bezos-washington-posts-next-owner-aims-for-a-new-golden-era-at-thenewspaper/2013/09/02/30c00b60-13f6-11e3-b182-1b3bb2eb474c_story.html.
5. Trefis Team, "Web Services To Drive Future Growth For Amazon," *Forbes*, Aug 21, 2012, http://www.forbes.com/sites/greatspeculations/2012/08/21/web-services-to-drive-futuregrowth-for-amazon/.

스로 시작했다.[5] 오랜 기간 한 걸음씩 가치를 쌓아 현재에 이른 것이다.

4) 진화하지 못하면 죽는다[6]

네트워크 효과는 네트워크의 가치가 순식간에 기하급수적으로 줄어들 수 있다는 문제를 항상 안고 있다. 한 명의 사용자가 떠나거나 비활성화inactive되면 이에 딸린 링크가 전부 사라지는 것이다. 대한민국의 소셜 네트워크 시장을 호령하던 싸이월드가 순식간에 페이스북에 자리를 내준 것은 네트워크 효과가 반대로 작용했기 때문이다. 싸이월드의 일부 사용자들이 페이스북 등으로 떠나기 시작하면서 싸이월드의 가치를 급격하게 떨어뜨렸고, 이는 더 많은 사용자들이 이탈하는 악순환을 가져왔다.

네트워크 경쟁에서는 지속적으로 새로운 연결을 만들고 유지하기 위해 노력할 수밖에 없다. 결론적으로 진화하지 못하는 서비스(네트워크)는 네트워크 효과로 말미암아 죽을 수밖에 없는 운명이다.

6. 윤지영, 〈진화하지 않으면 죽는다〉, 《오가닉 미디어》, 21세기북스, 2014.

03 아마존은 어떻게 네트워크 효과를 극대화했나?
Network Effects of Amazon

앞의 글에서는 네트워크 효과의 기본 개념을 살펴보고 네트워크 효과를 일으키기 위해서는 왜 노드가 아닌 링크에 집중해야 하는지 알아보았다. 그럼 네트워크 효과는 실제 비즈니스에서 구체적으로 어떻게 나타나는가? 막연히 많은 숫자가 더 많은 숫자를 낳는 것이 네트워크 효과인가? 또한 네트워크 효과는 무조건 비즈니스에 긍정적인가?

이번 글에서는 상거래 서비스를 중심으로 네트워크 효과가 일어나는 메커니즘에 대해 자세히 살펴본다. 특히 아마존 사례를 통해 네트워크 효과의 선순환·악순환 구조를 이해하고, 아마존은 어떤 전략으로 선순환을 극대화하고 악순환의 고리는 끊을 수 있었는지 파악해본다. 이것은 아마존의 지속적 성장의 원동력이자 네트워크 시장에서 살아남는 방법을 가르쳐 주는 지침이다.

네트워크 유형에 따른
네트워크 효과의 유형

아마존의 네트워크 효과를 이해하려면 우선 네트워크의 유형에 대해 이해해야 한다. 페이스북과 아마존을 (참여자) 네트워크 관점에서 보면 어떻게 다른가? 페이스북은 사용자 간에 네트워크가 형성되고, 아마존은 판매자와 구매자 간에 네트워크가 형성된다는 점에서 다르다.

페이스북의 경우 사용자가 하나의 그룹이고, 그 그룹 내에서 연결(친구 관계)이 이루어진다. 반면에 아마존의 경우 사용자가 판매자와 구매자 두 그룹으로 이루어져 있고, 그룹 간에 연결(거래 관계)이 이루어진다(물론 구매자 간에도 리뷰 등을 통해 연결이 이루어지지만 기본적인 서비스 구조에 대해 먼저 생각하고 구매자 간의 관계에 대해서는 조금 있다 생각하도록 하자). 이를 그림으로 표현하면 다음 쪽의 그림과 같다.

1) 단면 네트워크와 직접 네트워크 효과

첫 번째 네트워크의 경우 사용자 그룹이 하나이고 연결이 그룹 내에서 일어난다. 이러한 네트워크를 단면 네트워크one-sided network라 한다. 예를 들어, 페이스북·트위터·인스타그램 같은 소셜 네트워크 서비스, 메신저·이메일·전화 같은 커뮤니케이션 서비스 등이 이에 해당한다. 일부 플랫폼 관련 연구[1]에서는 송신자와 수신자가 있는 커뮤니케이션

---

1. Jean-Charles Rochet & Jean Tirole, "Two-Sided Markets: An Overview," March 12, 2004, http://web.mit.edu/14.271/www/rochet_tirole.pdf.

단면/양면 네트워크(One-sided or Two-sided Networks)

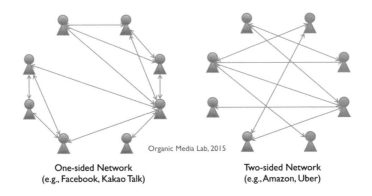

Organic Media Lab, 2015

One-sided Network
(e.g., Facebook, Kakao Talk)

Two-sided Network
(e.g., Amazon, Uber)

단면 네트워크는 동질의 사용자로 이루어진 하나의 그룹 내에서 연결이 이루어지는 네트워크이고, 양면 네트워크는 서로를 필요로 하는 두 사용자 그룹 간의 연결로 이루어지는 네트워크다.

서비스(예를 들어 이메일)를 두 그룹이 존재하는 것으로 간주해서 이러한 서비스도 양면 네트워크로 분류하기도 한다. 하지만 이메일과 같은 커뮤니케이션 네트워크에서는 대부분의 사용자들이 송신자이자 수신자이기 때문에 이들은 하나의 그룹으로 간주해야 한다.

이러한 단면 네트워크에서 나타나는 네트워크 효과를 직접 네트워크 효과direct or same-side network effect라고 하는데, 이는 사용자의 수가 증가하면 같은 그룹 내 사용자 간의 연결 가능성이 높아져서 네트워크의 가치가 높아지기 때문이다. 예를 들어, 카카오톡에 친구가 가입하면 카카오톡 네트워크의 가치가 높아지는 경우다.

2) 양면 네트워크와 교차 네트워크 효과

두 번째 네트워크의 경우 서로를 필요로 하는 두 그룹의 사용자가 있고 연결이 그룹 간에 일어난다. 이러한 네트워크를 양면 네트워크two-sided network라 한다.[2] 예를 들어, 아마존·지마켓 같은 이른바 오픈 마켓 서비스, 우버·배달의 민족처럼 서비스 제공자 그룹과 이용자 그룹이 존재하는 서비스가 이에 해당한다.

플랫폼 경제의 용어를 빌리면 양면 시장two-sided market[3]에 해당한다고 할 수 있지만, 우리는 플랫폼 경제에서의 정의와 관점이 조금 다르다. 예를 들어, 페이스북의 기본 구조는 사용자 간의 네트워크다. 광고주는 사용자를 필요로 하지만 사용자는 광고주를 필요로 하지 않는다. 따라서 페이스북처럼 광고를 기반으로 하는 미디어 서비스를 사용자, 광고주 간의 양면 네트워크로 보지 않고 단면 네트워크로 간주하는 것이 맞을 것이다.

양면 네트워크에서는 한 그룹 내의 사용자가 많아지면 같은 그룹 내의 사용자 간 연결 가능성이 높아져 네트워크 가치가 높아지는 것이 아니라 연결 대상이 되는 다른 그룹 사용자들의 연결 가능성이 높아져 네트워크 가치가 높아지는 현상이 나타난다. 예를 들어, 아마존에서 구매자가 많아지면 판매자가 판매할 대상이 많아지기 때문에 네트워크 가치가 높아진다. 반대로 판매자가 많아지면 구매자는 구매할 대상이 많아져서 네트워크 가치가 높아진다. 이러한 현상을 교차 네트워크 효과cross-side network effect[4]라고 한다.

---

2. 네트워크 용어로는 이분 그래프(bipartite graph)에 해당한다.
3. "Two-sided markets," *Platform Economics and Strategy*, http://platformeconomics.org/twosided-markets/.

교차 네트워크 효과는 선순환 구조를 만들기도 하지만 이른바 '닭이 먼저냐 달걀이 먼저냐'라는 문제를 일으킨다. 구매자가 없으면 판매자가 모이지 않고 판매자가 없으면 구매자가 모이지 않는 것이다. 이는 단면 네트워크에서 초기 사용자가 참여할 인센티브가 없는 것과 마찬가지다. 이러한 문제를 어떻게 해결할지는 추후 확산 관련 글에서 다루기로 하고, 여기서는 네트워크 효과에만 집중하고자 한다.

3) 긍정적 네트워크 효과 vs. 부정적 네트워크 효과

지금까지 살펴본 네트워크 효과는 긍정적인 효과였지만 부정적인 효과가 발생하기도 한다. 대표적인 부정적 효과는 혼잡congestion이다. 도로에 너무 많은 차가 몰리면 교통 체증 현상이 나타난다. 이러한 현상을 부정적 네트워크 효과negative network effect라고 한다.

예를 들어, 판매자가 너무 많으면 판매자 간의 경쟁이 치열해지기 때문에 판매자에게는 부정적인 영향을 미친다. 또한 구매자 입장에서도 수많은 판매자 중 어떤 판매자를 선택해야 할지 어려워지기 때문에 부정적인 효과가 발생한다. 부정적 네트워크 효과는 대부분의 경우 처음부터 발생하는 것이 아니라 적정 수준을 넘어가면 발생한다. 부정적 네트워크 효과는 긍정적 네트워크 효과와는 반대로 악순환 구조를 만든다.

---

4. Thomas Eisenmann, "Platform-Mediated Networks: Definitions and Core Concepts." *Harvard Business School Module Note*, September 2006. (Revised October 2007.)

네트워크 효과의 유형 (Types of Network Effects)

Organic Media Lab, 2015

	긍정적(Positive)	부정적(Negative)
직접 (Direct/ Same Side)	More buyers for buyers (신뢰할 수 있는 구매정보)	More sellers for sellers (경쟁심화)
교차 (Cross Side)	More sellers for buyers (다양하고 저렴한 제품)	Too many sellers for buyers (선택의 어려움)

네트워크 효과는 크게 긍정적 직접 네트워크 효과, 부정적 직접 네트워크 효과, 긍정적 교차 네트워크 효과, 부정적 교차 네트워크 효과로 나뉜다.

아마존의 네트워크 효과: 선순환의 연쇄 작용과 악순환의 제거

그러면 아마존(오픈 마켓 비즈니스)에서는 어떠한 네트워크 효과가 발생하고 있는지 정리해 보자. 네트워크 효과를 정리하기 전에 필요한 것은 아마존이 어떤 네트워크를 가졌는지 이해하는 것이다.

아마존은 판매자와 구매자 간의 양면 네트워크로 이루어진 것으로 보이지만 실제로 제3의 그룹이 존재한다. 바로 아마존의 상거래 웹 서비스를 이용하는 외부 개발자3rd party developer 그룹이다.[5] 아마존은

---

5. 협력자도 개발자 그룹에 포함된다고 할 수 있다.

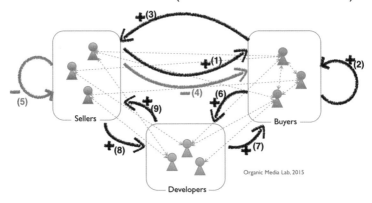

아마존의 네트워크 효과(Network Effects of Amazon)

아마존의 네트워크는 판매자, 구매자, 개발자로 이루어져 있다. 이들 간의 네트워크 효과를 화살표로 나타냈다. 긍정적 효과는 +, 부정적 효과는 -로 표시했고, (1)~(9)의 번호는 본문의 설명을 돕기 위해 표시했다.

2002년 이커머스 서비스e-commerce service[6]라는 이름으로 아마존의 제품 정보와 고객 리뷰에 접근할 수 있는 웹서비스를 공개했다. 이를 통해 개발자를 아마존 네트워크의 한 축으로 추가했다. 이들은 아마존의 웹서비스를 기반으로 판매자에게는 판매관리 서비스를 제공하기도 하고, 구매자에게는 다양한 구매 페이지를 제공하기도 한다. 즉 아마존은 판매자, 구매자, 개발자 세 그룹이 만드는 3면 네트워크3-sided network다.

하지만 네트워크 효과의 선순환을 제대로 이해하기 위해서는 3면

6. Werner Vogel, "Amazon Web Services," *VLDB 2005*, Sep 2005, http://www.vldb2005.org/program/slides/thu/s-vogels.ppt.

네트워크를 하나로 보기보다는 '3개의 양면 네트워크'로 생각하는 것이 좋을 것이다. 아래에서 하나씩 살펴본다. 또한 간과할 수 없는 것이 아마존에서 중요한 네트워크 중 하나인 구매자 간의 네트워크다. 즉 3면 네트워크 안에 단면 네트워크도 포함되어 있는 것이다. 구매나 리뷰 등을 기반으로 구매자 간에 연결이 일어나고, 이러한 연결이 구매자 간의 단면 네트워크를 형성한다.

(1-2-3) 판매자-구매자-구매자-판매자로 이어지는 선순환 구조의 형성

아마존은 초기에는 오픈 마켓이라 부를 수는 없었지만 출판사의 거의 모든 책이 판매 목록에 포함되었으므로 판매자(출판사)와 구매자(독자) 간의 양면 네트워크로 시작되었다고 할 수 있다. 실제로 아마존은 고객에게서 책을 주문받은 뒤 출판사나 도매상에서 책을 구입하여 고객에게 배송했다.[7] 아마존은 출판사의 모든 책을 구비함으로써(판매자의 증가와 같은 효과) 닭이 먼저냐 달걀이 먼저냐라는 문제를 해결하고 구매자를 확보했다(1).

구매자의 증가는 상품에 대한 더 공정하고 풍부한 리뷰, 평가, 추천을 가능하게 하고 이는 더 많은 구매자를 끌어오는 유인이 된다(2). 아마존은 초기에는 전문가들의 추천에 의존했으나 곧 구매 기록을 기반으로 추천(예를 들어 '이 책을 구매한 사람이 구매한 다른 책')을 했다. 또한 "리뷰가 전혀 없는 것보다는 부정적인 리뷰라도 있는 것이 낫다Negative

---

7. Brad Stone, *Everything Store*, Little, Brown and Company, 2013.

reviews are better than no reviews"는 전제하에 공정한 리뷰와 평점이 쌓이도록 다양한 인센티브와 제도를 운영했다.[8]

구매자의 증가는 아마존이 새로운 상품 카테고리(음반이나 DVD)로 확장하고 판매자를 끌어오는 데에도 매우 중요한 역할을 했다(3). 판매자의 증가는 더 다양하고 저렴한 상품을 공급할 수 있게 했고, 이는 다시 구매자의 증가(1)를 가져오는 선순환을 이루었다. 이처럼 판매자 증가에서 시작하여 구매자 증가(1), 구매자 증가(2), 판매자 증가(3)로 이어지는 선순환 고리는 초기부터 현재까지 이어지는 아마존의 근본적인 성장 동력이다.

(4-5) 판매자의 증가가 가져오는 악순환 고리의 제거

판매자가 증가하면 다양한 제품을 저렴한 가격에 구매할 수 있는 가능성이 열리지만, 상품과 판매자가 너무 많으면 구매자의 구매 의사 결정이 어려워진다(4). 예를 들어, 이베이나 지마켓 같은 오픈 마켓에서 상품을 검색하면 결과에 관련된 상품뿐 아니라 관련 없는 상품도 수없이 많이 포함된다. 따라서 같은 상품인지 확인하기도 쉽지 않고, 다양한 옵션 때문에 가격을 비교하기도 어렵다.

아마존에는 기존의 다른 오픈 마켓과는 달리 상품 하나당 하나의 상품 상세 페이지single detail page만이 존재한다. 이러한 방식에서는 상품과 관련된 다양한 정보(리뷰, 평점 등)를 쉽게 얻을 수 있을 뿐 아니라

---

8. Richard Brandt, *One Click*, Portfolio, 2011, p. 11.

판매자를 선택하기도 매우 쉽다. 아마존이 이베이를 넘어설 수 있었던 데는 여러 가지 원인이 있겠지만 이렇게 부정적 교차 네트워크 효과를 최소화한 것도 주요한 원인이다.[9]

판매자 입장에서는 경쟁자가 많아지는 것이 달갑지 않을 수밖에 없다. 경쟁에서 이기기 위해서는 저렴한 가격뿐 아니라 상품 페이지의 차별화와 빠른 배송 등이 필요하다. 아마존은 이러한 판매자의 어려움을 최소화하기 위해 다양한 노력을 했다.

첫째, 새로운 판매자가 매우 쉽게 유입될 수 있도록 했다. 아마존의 배송 서비스Fullfilment By Amazon[10]를 이용하면 판매할 상품을 수급하고 상품 가격만 정하면 된다. 둘째, 매우 객관적이고 공정한 방식으로 판매자를 평가함으로써 판매자가 고객 경험에 집중할 수 있도록 하여 가격을 제외하고는 과열 경쟁이 일어나지 않도록 했다. 이렇게 아마존은 200만 이상의 판매자[11]들이 공정한 규칙 아래 실력으로만 경쟁할 수 있는 생태계를 만들었다.[12]

9. John Rossman, *Amazon Way*, Amazon Digital Service, 2014.

10. Thomas Smale, "Fulfillment by Amazon Poses a Great Option for Those Looking to Break Into Ecommerce," *Entrepreneur*, Nov 12, 2015, http://www.entrepreneur.com/article/252685.

11. Sarah Perez, "Amazon's Record Holiday Season Boosted Its Third-Party Sellers Marketplace, Too: Sales Up 40% Year-Over-Year," *TechCrunch*, Jan 2, 2013, http://techcrunch.com/2013/01/02/amazons-record-holiday-season-boosted-its-third-party-sellers-marketplace-too-salesup-40-year-over-year/.

12. John Rossman, *Amazon Way*, Amazon Digital Service, 2014.

(6-7-8-9) 개발자들의 참여가 만드는 두 번째 선순환 구조의 형성

2002년 아마존이 데이터와 도구를 외부 개발자들에게 공개하자 수많은 개발자들(2003년 6월 현재 약 2만 7000명)[13]이 구매자들을 도울 수 있는 다양한 애플리케이션과 웹사이트를 개발했다(6). 예를 들어, 아마존 라이트Amazon Light[14] 같은 서비스는 아마존에서 판매하는 모든 물건을 검색하여 살 수 있도록 하면서 추가적으로 넷플릭스, 아이튠즈, 도서관 등을 통해 빌리거나 구매하는 대안에 대한 정보도 제공했다. 이러한 크고 작은 혁신적 서비스는 결국 아마존으로 더 많은 구매자가 모이도록 했다(7). 물론 더 많은 구매자는 더 많은 개발자들을 불러 모았다(6).

마찬가지로 개발자들은 판매자를 도울 수 있는 다양한 애플리케이션을 개발했다(8). 셀러엔진SellerEngine[15] 같은 회사는 판매자들이 경쟁자들의 가격을 파악할 수 있는 애플리케이션을 만들었다. 이러한 애플리케이션은 더 많은 판매자들이 모이도록 했고(9) 이는 다시 더 많은 개발자들(2005년 9월 현재 약 12만 명)[16]이 모이도록 했다(8). 이러한 외

---

13. Alex Salkever, "How Amazon Opens Up and Cleans Up," *Bloomberg Business*, Jun 23, 2003, http://www.bloomberg.com/bw/stories/2003-06-23/how-amazon-opens-up-and-cleans-up.

14. Wade Roush, "Amazon: Giving Away the Store," *MIT Technology Review*, Jan 1, 2005, http://www.technologyreview.com/article/403556/amazon-giving-away-the-store/.

15. Alex Salkever, "How Amazon Opens Up and Cleans Up," *Bloomberg Business*, Jun 23, 2003, http://www.bloomberg.com/bw/stories/2003-06-23/how-amazon-opens-up-and-cleans-up.

16. Werner Vogel, "Amazon Web Services," *VLDB 2005*, Sep 2005, http://www.vldb2005.org/program/slides/thu/s-vogels.ppt.

부 개발자들은 수많은 구매자와 판매자들이 있기 때문에 아마존 네트워크에 참여했고, 이들은 다시 구매자와 판매자의 증가를 가져오는 선순환을 이루었다. 이러한 선순환 구조는 아마존의 두 번째 성장 동력이 되었다.

네트워크 효과를 극대화하기 위한 시사점 정리

아마존 사례를 통해 아마존이 어떻게 네트워크 효과에 의한 선순환 구조를 이루었고, 이러한 선순환 구조가 어떻게 성장의 원동력이 되었는지에 대해 살펴보았다. 시사점을 정리하면 다음과 같다.

1) 자신의 네트워크 구조와 이에 따르는 네트워크 효과를 파악하라

오가닉 비즈니스에서 가장 우선해야 할 것은 자신의 비즈니스가 만들어 가는 네트워크의 구조에 대한 이해다. 기본적인 서비스의 구조가 단면 네트워크인지 양면 네트워크인지를 파악하고, 네트워크 효과가 어떻게 작동하는지를 충분히 이해해야 한다. 또한 추가적인 그룹(예를 들어 외부 개발자, 광고주 등)이 존재한다면 이들과 기존 그룹 간의 관계, 이들이 가지는 네트워크 효과를 파악해야 한다.

앞에서도 언급했지만 페이스북과 같은 소셜 네트워크 서비스를 사용자와 광고주가 이루는 양면 네트워크로 생각하는 경우가 있다. 페이스북과 같은 단면 네트워크를 양면 네트워크로 간주하는 순간, 비즈니스의 성공 가능성은 희박해진다.

2) 선순환의 고리가 끊어지지 않게 하라

네트워크 효과를 기반으로 서비스의 선순환 구조를 파악하고, 이러한 선순환 구조가 유지될 수 있도록 해야 한다(위에서는 이미 선순환이 일어나기 시작한 단계를 전제로 설명했다. 선순환이 전혀 없는 초기 단계에서의 접근은 또 다른 문제다. 이는 4부에서 다룬다.).

예를 들어 그루폰Groupon의 경우, 소셜 커머스 영역을 개척한 선구자이지만 구매자의 확장에만 신경을 쓰고 구매자와 서비스 제공자 그룹 간의 선순환에 대해서는 소홀히 한 결과 어려움을 겪게 되었다.[17] 구매자의 경험도 대체적으로 만족스럽지 못했지만 서비스 제공자의 경우는 다시는 참여하고 싶지 않은 경험을 하는 경우가 대부분이었다. 이렇게 한 번은 시도해 보지만 다시는 사용하지 않는 서비스의 경우에는 선순환이 일어날 수 없다.

3) 악순환의 고리를 끊어라

네트워크가 성장함에 따라 부정적 네트워크 효과가 발생할 가능성이 높아진다. 많은 서비스(예를 들어, 아이러브스쿨이나 프렌드스터Friendster)가 몰려드는 사용자들 때문에 서비스의 품질 저하를 겪었는데, 이것이 결국 사용자들이 떠나는 원인이 되기도 했다. 앞에서도 언급했듯이, 이베이의 경우와 같이 너무나 많은 판매자들이 가져오는 구매자 경험의 악화가 성장의 한계를 가져오기도 했다.[18] 이렇듯 악순환이 발생할 수 있는

---

17. Evelyn Rusli, et al., "Struggling Groupon Ousts Its Quirky CEO," *Wall Street Journal*, Feb 28, 2013, http://www.wsj.com/articles/SB10001424127887324662404578332084043537590.

영역에서는 악순환의 고리를 끊거나 그 영향을 최소화해야 한다.

네트워크 효과가 가져오는 선순환은 네트워크 성장의 원동력이자 승자 독식의 기반이 된다. 네트워크 효과는 오가닉 비즈니스를 기존의 비즈니스와 근본적으로 다르게 만든다. 네트워크 효과를 제대로 이해하고 선순환 구조를 만드는 비즈니스만이 살아남을 수 있다. 초기에 네트워크를 만들고 성장시키는 과정도 어렵지만, 그 이후의 네트워크 효과 극대화는 저절로 이루어지지 않는다. 아마존 사례는 오가닉 비즈니스가 어떻게 지속적으로 성장할 수 있는지를 보여주는 네트워크 효과의 교과서다.

18. John Rossman, *Amazon Way*, Amazon Digital Service, 2014.

고객이
영업사원이다

바이럴 확산의 공식(Engine of Viral Expansion)

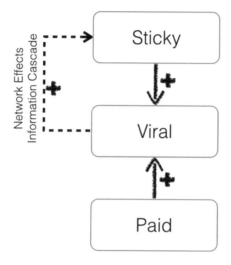

Organic Media Lab, 2015

연결된 세상은 좁지만 좁은 세상을 감염시킬 수 있는 유일한 방법은 바이럴이다. 오가닉 비즈니스에서 제품·서비스·메시지를 알리고 네트워크를 성장시키기 위해서는 고객이 영업사원이 되게 할 수밖에 없다는 뜻이다.

제4부에서는 연결된 세상이 왜 좁은지 네트워크 구조와 바이럴 확산 관점에서 살펴보고, 바이럴 계수(coefficient)를 높이기 위해서는 어떻게 해야 하는지 공식을 알아본다.

01 바이럴 확산만 살아남는 좁은 세상이 되다
Small World and Viral Exapnsion

이 책을 준비하면서 오가닉미디어랩은 예상치 못한 경험을 했다. 글하나[1]가 일주일 만에 페이스북 등에서 5000회 이상 공유되었다. 물론 싸이의 '강남스타일'이나 루게릭병 환자들을 돕기 위한 아이스 버킷 챌린지ALS Ice Bucket Challenge와 비교하면 우스운 숫자이지만, 오가닉미디어랩처럼 길고 건조한(?) 글만 생산하는 입장에서 보면 불가능한 일이 일어난 것이다.

이러한 사례들은 연결된 세상에서 글이든, 음악이든, 광고든 정보가 얼마나 빠르고 광범위하게 전파되는지를 여실히 보여준다. 이 글에

---

1. 노상규, 〈정보는 세상의 중심이 되고 연결은 세상을 지배한다〉, 오가닉미디어랩, 2015년 6월 23일, http://organicmedialab.com/2015/06/23/network-is-eating-the-world-2/.

서는 이런 현상이 연결된 세상에서 왜 구조적으로 발생할 수밖에 없는지 살펴보고자 한다.

전체 네트워크를 감염시키는 방법은 '바이럴'이 유일하다

'강남스타일', 아이스 버킷 챌린지, 핫메일hotmail, ILOVEYOU 바이러스 등 수많은 사례들은 정보가 어떻게 바이러스처럼 퍼져서 (전체) 네트워크를 감염시키는지 보여준다. 그런데 기존의 대중매체를 보완하는 방법으로 이러한 정보 확산 효과를 가져올 수 있을까? 그렇지 않다. 주는 대로 받아들이는 대중이 사라지고 스스로 미디어가 되어 네트워크를 형성한 개인(노드)들만이 존재하는 세상에서는[2] 바이럴 확산만이 내 메시지를, 광고를, 서비스를 퍼뜨릴 수 있는 유일한 방법이다. 대중매체라 불리던 텔레비전도, 신문도 이제 나와 같은 하나의 노드에 불과하다(물론 나보다는 훨씬 목소리가 크다).

대중매체는 메시지를 무차별 살포하는 방식이다. 그런데 무차별한 방식으로는 전체를 감염시킬 수도 없고 가능하다 하더라도 너무 많은 비용이 든다. 예를 들어, 바이럴 마케팅의 대표적 사례인 핫메일[3]에서 "Get your free email at Hotmail"[4]이라는 문구를 없앤 후 전 세계 모든

2. 윤지영, 〈진화하지 않으면 죽는다〉, 《오가닉 미디어》, 21세기북스, 2014.
3. 윤지영, 〈경험이 광고다: "아뇨, 우버를 불렀어요"〉, 오가닉미디어랩, 2015년 7월 2일, http://organicmedialab.com/2015/07/02/evolution-of-advertising-experience-is-advertisement/.

이메일 주소로 광고를 보냈다면 같은 결과가 나왔을까? 전 세계 모든 이메일 주소를 수집할 수 있었을까? 전 세계 모든 이메일 주소로 이메일을 보내는 비용을 감당할 수 있었을까? 그중 수천만 명이 가입했을까? 아니다. 수많은 연결을 통해 무한한 정보(바이러스)가 돌아다니는 세상에서 내 바이러스를 퍼뜨리는 방법은 바이럴이 유일하다.

문제는 막상 내가 퍼뜨리고 싶은 메시지는 퍼지지 않고 그대로 사라지고 마는 경우가 대부분이라는 것이다. 왜 이런 현상이 벌어지는 것일까? 네트워크는 살아서 숨 쉬고 움직이는 유기체다.[5] 내 메시지로, 광고로, 서비스로 네트워크를 감염시키기 위해서는 네트워크의 구조 structure와 역학dynamics에 대한 이해가 필수다. 이러한 네트워크의 속성을 이해하고 활용하는 기업이나 개인은 살아남을 것이고 그렇지 못한 기업이나 개인은 도태될 수밖에 없다.

바이럴로 전체 네트워크를 감염시킬 수 있는 것은 세상이 좁기 때문이다

우선 네트워크가 어떻게 바뀌었는지 살펴보자. 다음 쪽의 그림에서 왼쪽은 이제 우리 머릿속에만 존재하는 매스미디어 네트워크다. 메시지를 보내는 노드에 이를 듣는 노드들이 모두 귀를 기울이고 있다. 하지

---

4. 이메일을 보낼 때 자동으로 보내졌던 하단의 태그라인. 메일 수신자에게 바이러스처럼 이 문장이 퍼져 나갔다.
5. 윤지영, 〈네트워크의 4가지 속성〉, 《오가닉 미디어》, 21세기북스, 2014.

매스미디어/오가닉 미디어 네트워크
(Mass Media or Organic Media Network)

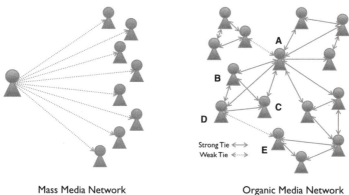

Mass Media Network   Organic Media Network

Organic Media Lab, 2015

만 이제 더 이상 이러한 네트워크는 존재하지 않는다.[6] 이제 네트워크
는 그림의 오른쪽과 같이 노드들이 자신들과 친한 노드들과 크고 작
은 수많은 무리cluster를 형성하여[7] 흩어져 있고 이런 무리들이 서로 연
결되어 있는 구조가 되었다.

매스미디어와 오가닉 미디어의 차이는 일방향이냐 양방향이냐에 머
물지 않고 네트워크의 근본적인 구조와 역학에서 더 큰 차이를 보인다.

이러한 네트워크 구조 때문에 무차별 살포로는 전체 네트워크를 감
염시킬 수 없다. 하지만 바이럴 확산 관점에서 보더라도 이렇게 수많
은 틈새가 존재하는 네트워크 구조를 감안하면 한 명에서 출발하여

---

6. 윤지영, 《오가닉 미디어》, 21세기북스, 2014, 11쪽.
7. 학문적으로는 군집계수(clustering coefficient)가 높다고 한다.

전체를 감염시키는 것이 가능할까 하는 의문이 들 수도 있다.

바이러스가 전체 네트워크를 감염시킬 수 있는 것은 세상이 좁기 때문이다. 새로 입사한 회사에서 만난 동료가 알고 보니 내 친구의 친구였을 때 우리는 흔히 '세상 참 좁다'라는 표현을 쓴다. 이러한 현상을 '여섯 단계의 분리six degrees of separation'라고도 한다. 이 세상에 살고 있는 어떤 두 사람 간에 그들을 연결해 줄 경로path가 존재하고, 심지어 이 경로가 평균 6개의 링크(지인 관계)로 이루어져 있다는 주장은 놀라운 일이 아닐 수 없다. 실제로 페이스북에서 임의의 두 사람 간의 거리(경로 길이)는 평균 4.7이다.[8]

하지만 우리가 관심 있는 것은 임의의 두 사람 간의 경로가 짧다는 사실보다는 어떻게 한 사람에서 시작하여 네트워크 전체를 감염시킬 수 있는지다. 따라서 우리에게 더 중요한 숫자는 한 사람으로부터 시작하여 거리별로 도달할 수 있는 사람의 수(또는 비율)다. 최근의 연구에 따르면,[9] 페이스북 사용자의 친구 수는 평균 200명에 불과하지만 거리가 4 이하인 사용자의 비율은 3분의 2에 달하고 5 이하인 사람은 90%가 넘는다(한국만 통계를 내어 보면 이 비율이 훨씬 클 것으로 예상된다). 내 친구의 친구의 친구의 친구(더 정확하게는 친구, 친구의 친구, 친구의 친구의 친구 수도 포함)가 13억 페이스북 사용자의 3분의 2를 차지한다는 것은 놀라운 일이다.

---

8. Johan Ugander, et al., "The Anatomy of the Facebook Social Graph," Nov 18, 2011, http://arxiv.org/pdf/1111.4503v1.pdf.
9. 상동.

페이스북 친구 관계를 따라 연결되는 사용자 비율

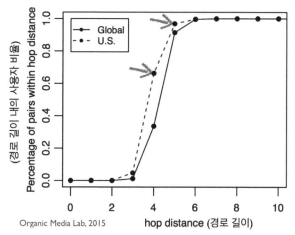

Organic Media Lab, 2015

Image Source: Ugander et al., "The Anatomy of the Facebook Social Graph," http://arxiv.org/pdf/1111.4503v1.pdf, 2011.

페이스북에서 친구 관계를 따라 연결되는 사용자의 비율은 경로 길이가 증가하면서 급격하게 높아진다.

　　이렇게 내 친구의 수가 몇 명 되지 않는데도 몇 단계를 거치지 않아 대부분의 사용자에 연결될 수 있는 이유는 첫째, 무리와 무리를 연결하는 지름길이 존재하기 때문이고, 둘째, 친구의 수가 비정상적으로 많은 사용자, 즉 허브가 존재하기 때문이다.

1) 약한 연결은 메시지를 멀리 퍼지게 한다

일반적으로 우리는 친한 친구들과 무리를 이룬다. 이 무리 안의 관계는 매우 끈끈하고 강하다. 반면에 무리 간의 관계는 약한 경우가 대부분이다. 사회학에서는 이를 각각 강한 연결strong tie, 약한 연결weak tie이

라 부른다.[10]

137쪽의 오가닉 미디어 네트워크 그림에서 A, B, C, D는 무리를 이루고 있으며 강한 연결로 이어져 있고, D와 E는 서로 다른 무리에 속하며 약한 연결로 이루어져 있다고 볼 수 있다. 무리 안에서 공유된 정보는 그 안에 머물 수밖에 없다. 예를 들어, 카카오톡 채팅방에서 아무리 하루 종일 수다를 떨어도 이는 그 방 안에 머문다. 하지만 누군가가 이를 다른 채팅방으로 옮기면 다른 무리로 정보가 확산된다. 이렇게 무리와 무리를 연결하는 지름길 역할을 한다는 의미에서 약한 연결을 '사회적 다리social bridge'라고 부르기도 한다. D와 E 사이의 거리는 4이지만, 서로 약한 연결로 이어지면서 거리가 1로 줄어든다.

하지만 전체 네트워크의 관점에서 보면, 아무리 그래도 약한 연결이 네트워크를 얼마나 좁게 만들 수 있을까 하는 의문이 여전히 남아 있을 수 있다. 던컨 와츠와 스티븐 스트로가츠Steven Strogatz가 제시한 이른바 '베타 모델beta model'은 이러한 의문을 해소해 준다.[11]

이 모델은 친구들 간에 무리를 이루어 바로 옆의 다른 무리와만 연결된 것으로 생각하면 된다(이를 질서 있는 모델이라 한다). 즉, 내가 속해 있는 무리 밖의 사람들과 연결될 수 있는 지름길은 없는 모델이다. 이러한 모델에서는 60억 인구가 각각 50명의 친구를 가지고 있다고 가정하면 평균 경로 길이는 6000만에 달한다. 하지만 와츠와 스트로가츠

10. Granovetter, M.S., "The Strength of Weak Ties," *American Journal of Sociology*, May 1973.
11. Duncan Watts, *Small Worlds*, Princeton University Press, 1999.

변형된 와츠와 스트로가츠 모델
(A Variation of Watts-Strogatz Model)

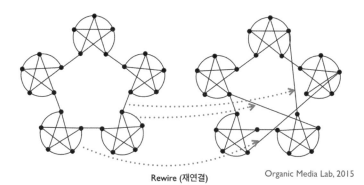

Rewire (재연결)

Organic Media Lab, 2015

질서 있는 네트워크
(군집계수가 높고 경로 길이가 긴 네트워크)

좁은 세상 네트워크
(군집계수가 높지만 경로 길이가 짧은 네트워크)

Image Source: Fang et al., "Balancing exploration and exploitation through structural design," *Organization Science*, 2010.

이 그림은 와츠와 스트로가츠의 베타 모델을 개념적으로 이해하기 쉽도록 변형한 것이다. 질서 있는 네트워크는 무리 내의 군집계수가 높고 경로 길이는 매우 긴 네트워크다. 질서 있는 네트워크에서 매우 적은 수의 링크를 임의로 재연결하거나(rewire) 추가하면 군집계수는 여전히 높지만 경로 길이가 급격하게 감소하면서 좁은 세상 네트워크(Small World Network)가 된다.

의 계산에 따르면 링크 1만 개당 2개(0.02%)의 임의의 링크(지름길)만 추가하면 경로 길이가 8로 줄어든다. 이러한 현상은 네트워크의 크기에 관계없이 매우 일관되게 나타나는 현상으로, 5개의 링크만 임의로 재연결해도 경로 길이가 절반으로 준다.

이렇게 (약한 연결을 포함한) 지름길은 수많은 무리로 이루어진 네트워크를 하나로 통합하고 메시지를 멀리 퍼뜨리는 역할을 한다.[12]

2) 허브는 한 번에 많은 메시지를 보낸다

세상이 좁은 두 번째 이유는 허브가 존재하기 때문이다.[13] 우리 친구 중에는 이른바 '마당발'이 있다. 137쪽의 그림에서는 A에 해당한다고 볼 수 있다. 페이스북의 경우에 친구 수의 중앙값median은 100명[14] 정도이지만 일부 사용자의 친구 수는 5000명(페이스북에서 설정한 최대 친구 수)에 달한다. 이렇게 수많은 친구를 가진 사용자를 우리는 허브 또는 커넥터라고 부른다. '내 친구 중에는 허브에 해당하는 사람이 없는데' 하고 생각하겠지만, 실제로는 알게 모르게 친구 중에 허브에 해당하는 사람들이 존재한다.

예를 들어, 내게 100명의 친구가 있고 그들도 각각 100명의 친구를 가지고 있다면 (중복되는 친구가 전혀 없더라도) 친구의 친구 수는 9900(=100×100−100)명이어야 할 것이다. 그러나 페이스북의 경우 친구가 100명인 사용자의 친구의 친구 수는 2만 7500[15]에 달한다. 실제로 이런 현상은 친구 수가 800명에 달할 때까지 나타난다. 즉 여러분의 친구 중에는 생각보다 훨씬 더 많은 허브가 존재한다.

이러한 현상이 나타나는 것은 사용자가 가진 친구 수의 분포가 우리가 잘 아는 정규 분포가 아니라 소위 멱함수 분포power law distribution를 따르기 때문이다. 멱함수 분포에서는 대부분의 노드는 아주 적은 수의 링크를 가지고 있지만 오른쪽 끝에 위치한 소수 노드는 수많은

12. Duncan Watts, *Six Degrees*, Norton, 2003.
13. Albert-Laszlo Barabasi, *Linked*, Perseus Publishing, 2002.
14. Johan Ugander, et al., "The Anatomy of the Facebook Social Graph," Nov 18, 2011, http://arxiv.org/pdf/1111.4503v1.pdf.
15. 상동.

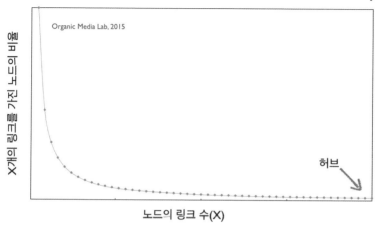

멱함수를 따르는 링크 수의 분포
(Power Law Distribution Of Number of Links)

Organic Media Lab, 2015

X개의 링크를 가진 노드의 비율

허브

노드의 링크 수(X)

페이스북과 같은 소셜 네트워크에서는 친구 수의 분포가 정규 분포를 따르는 것이 아니라 멱함수 분포를 따른다. 멱함수 분포의 오른쪽 영역 노드들이 허브에 해당한다.

링크를 가지고 있다(물론 실제 소셜 네트워크에서 완벽한 멱함수 분포를 갖는 경우는 드물다). 이러한 허브들은 네트워크에서 많은 무리를 한 번에 연결하는 중요한 역할을 한다. 허브를 통하면 한 번에 여러 노드를 감염시킬 수 있는 것이다.

앞서 언급한 오가닉미디어랩의 포스트도 사후적으로 확산 경로를 파악해 본 결과, 저자의 친구들에 의해 확산된 것이 아니라 친구의 친구에 해당하는 허브들이 포스트를 공유하면서 급격하게 확산된 것으로 나타났다.

이렇게 소셜 네트워크는 수많은 무리들이 전 세계에 흩어져 있지만 (허브에 의해) 널리, (약한 연결에 의해) 멀리 메시지가 전파될 수 있는 구

오가닉미디어랩 포스트가 확산된 경로를 파악하며 독자들에게 물어보기도 했다.(https:// www.facebook.com/yun.agnes/posts/101534605 34799282)

조를 가지고 있다. 이러한 네트워크의 구조에 대한 충분한 이해 없이 소셜 미디어 전략을 세우는 것은 모래 위에 성을 쌓는 것이다. 오가닉 미디어 네트워크가 좁다는 것은 다시 말해 매스미디어 네트워크에서 성공적이던 홍보·마케팅 방법이 더 이상 통하지 않는다는 이야기와도 같다.[16] 오가닉 미디어 네트워크에서 무차별적으로 살포된 메시지는 소음으로 사라질 뿐이다. 무리를 이루어 흩어져 있는 잠재 고객들을 허브와 약한 연결을 최대한 활용하여 연결하는 방법이 필요하다.

지금까지 세상이 왜 좁은지 오가닉 미디어 네트워크 관점에서 살펴보고 바이럴 확산을 가능하게 하는 네트워크의 구조적 특성에 대해

---

16. 윤지영, 〈경험이 광고다: "아뇨, 우버를 불렀어요"〉, 오가닉미디어랩, 2015년 7월 2일, http://organicmedialab.com/2015/07/02/evolution-of-advertising-experience-isadvertisement/.

알아보았다. 하지만 이 글의 요지는 바이럴만이 전체 네트워크를 감염시킬 수 있는 유일한 방법이라는 것이지, 반드시 내 메시지가, 광고가, 서비스가 네트워크를 통해 저절로 바이러스처럼 퍼질 수 있다는 것은 아니다. 많은 기업들이 페이스북 페이지를 만들어 열심히 '좋아요' 수를 늘리는 것은 여전히 매스미디어의 잔재에서 벗어나지 못하고 있기 때문이다.

바이럴 확산이 성공하기 위해서는 사용자들의 매개 역할이 필수적이지만, 현실 세계에서는 이러한 매개자들을 만나기가 쉽지 않다. 만났다고 하더라도 매개가 지속될 수 있게 하는 것은 더욱 어렵다. 다음 글에서는 어떤 메커니즘으로 매개가 이뤄질 수 있도록 할 것인지 살펴보고, 바이러스의 전염률을 높일 수 있는 방법을 살펴보도록 하겠다.

02 바이럴은 과학이다

Effects of Viral Coefficient, Retention Rate, and Cycle Time on Viral Expansion

바이럴이란 무엇인가? 바이럴 마케팅[1]의 성공 사례는 많지만 직접 실행해 보면 얼마나 어려운지 알게 된다. 그래서 대부분은 결과에 실망하고 '역시 매스미디어mass media 마케팅이야'라고 성급히 결론짓기도 한다. 왜 이런 일이 벌어질까? 이는 바이럴 확산의 근본적인 메커니즘에 대한 이해가 없기 때문이다.

고객이 제품을 추천하고 다른 사용자를 가입시키면 물질적 인센티브를 제공하는 것을 바이럴 공식이라고 생각한다. 하지만 바이럴 확산은 예술이자 과학이다. 이 글에서는 바이럴이 왜 과학인지를 감염

---

1. Steve Jurvetson, "What exactly is viral marketing?" *Red Herring*, May 2000, https://currypuffandtea.files.wordpress.com/2008/03/viral-marketing.pdf.

과 확산 측면에서 살펴보고자 한다. 이 글을 통해 바이럴을 막연한 입소문이 아니라 비즈니스의 성공(네트워크의 성장)을 측정하는 과학적 지표이자 근거로 활용할 수 있는 계기가 되기 바란다.[2]

어떻게 바이러스에 감염되는가?

우선 바이럴 확산을 논하기에 앞서, 바이러스에 어떻게 감염되는지 의학적 관점에서 기본 모형을 간단히 이해하고 넘어가자. 의학 연구에서 바이러스 확산을 설명하는 가장 기본적인 모형은 바로 SIR(Susceptible-Infected-Recovered)[3] 모형이다. 이 모형은 사람들이 바이러스에 감염 가능한 상태에서 감염된 상태가 되고, 이후에 회복된 상태가 되는 것을 가정한다. 이를 시각화하면 다음 쪽의 그림과 같다.

최초 감염자(고객)는 주변 사람(잠재 고객)에게 바이러스를 노출시키고(초대하고), 노출된 사람 중 일부가 감염된다(초대에 응한다). 감염자 중 일부는 다시 주변 사람에게 바이러스를 노출시키는 사이클을 시작한다. 하지만 나머지는 회복되어(이탈하여) 더 이상 바이러스를 전파하지 않는다. 물론 회복된 사람들(이탈 고객)은 다시 감염 가능한 상태가 되기도 한다(SIR 모형에서는 회복된 사람들은 면역력을 갖는 것으로 가정하지만 확

---

2. 어떤 콘텐츠가 감염성이 높은지, 어떻게 감염을 더 쉽게 만드는지 등 바이럴 확산의 예술적인 측면에 대해서는 칩 히스(Chip Heath)와 댄 히스(Dan Heath)의 《스틱(Made to stick)》과 이의 아류인 조나 버거(Jonah Berger)의 《컨테이저스 전략적 입소문(Contagious)》을 읽어 보기 권한다.
3. "Epidemic model," *Wikipedia*, https://en.wikipedia.org/wiki/Epidemic_model.

바이러스 감염 사이클 (Viral Cycle)

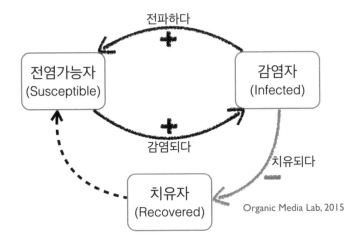

바이러스 확산은 감염자가 전염 가능자를 감염시키고 이들이 다시 전염 가능자를 감염시키는 사이클을 통해 일어난다. 일부는 치유되어 이 사이클에서 벗어나기도 하는데, 이는 곧 바이러스의 확산을 막게 된다.

장된 모형에서는 다시 감염 가능 상태가 되는 것으로 가정하기도 한다).

이러한 과정을 살펴보면 바이럴 확산이 일어나기 위해서는 몇 가지 조건이 필요하다는 것을 알 수 있다. 첫째, 감염자가 새로운 감염자를 만드는 사이클을 통해 감염자가 지속적으로 늘어날 수 있는 선순환이 만들어져야 한다. 그러기 위해서는 한 명의 감염자가 한 명을 초과하여 감염시켜야 한다.[4]

---

4. Adam Pennenber, *Viral Loop*, Hyperion, 2009.

둘째, 감염자가 바이러스를 전파하는 상태에 머물러야 한다. 바이러스가 너무 약해서 바로 회복되거나 너무 강력해서 치사율이 높으면 확산되지 못한다. 마지막으로, 앞의 그림에서는 명확하지는 않지만 감염 사이클이 짧아야 한다. 만약 감염자가 비감염자를 감염시키는 데 걸리는 시간이 길다면 확산 속도 또한 매우 더딜 수밖에 없다.

1) 한 명의 감염자가 한 명을 초과하여 감염시켜야 한다

바이러스의 전염성을 나타내는 수치로 바이럴 계수(Viral Coefficient=K)가 사용된다. 바이럴 계수는 감염자 한 명이 일정 주기cycle time 내에 감염시키는 감염자의 수다. 다음 쪽의 그림을 보면 최초 감염자가 100명, 바이러스 전염의 주기가 1개월이라고 가정하고 12개월 동안 감염자 수가 바이럴 계수의 변화에 따라 어떻게 변하는지 알 수 있다(수식에 관심 있는 독자들은 글의 마지막 부분을 참조하기 바란다).

다음 그림에서 바이럴 계수 1을 중심으로 확산의 패턴이 달라지는 것을 볼 수 있다. 바이럴 계수가 1인 경우, 감염자의 수는 선형적으로 증가하고 이보다 작은 경우에는 일정 시점에 이르면 확산이 멈춘다. 이에 반해 1을 초과하는 경우에는 감염자의 수가 기하급수적으로 증가한다. 여기서 주목할 점은, 바이럴 계수의 작은 차이가 사이클이 반복됨에 따라 매우 큰 사용자 수의 차이로 나타난다는 것이다. 따라서 바이럴 확산을 원하는 기업은 바이럴 계수를 측정하고 이를 1보다 크게 만드는 것이 매우 중요하다. 이를 위해서는 바이럴 계수의 정의부터 숙지해야 한다.

바이럴 계수(K)와 확산
(Viral Coefficient and Viral Expansion)

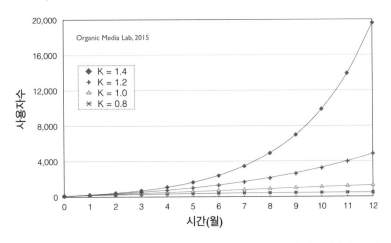

바이럴 계수가 1을 초과하면(K 〉1) 가입자 수가 기하급수적으로 증가한다(초기 가입자 수 100명, 감염 사이클 주기 30일, 고객 유지율 1.0으로 가정).

K=노출시킨 사람 수(초대 수) × 감염률(초대받은 사람의 가입률)

즉 한 고객이 10명에게 초대를 보냈을 때, 이 중에서 10%가 가입했다면 K는 1이다. 따라서 K를 늘리기 위해서는 한 고객이 잠재 고객에게 보내는 초대 수를 늘리거나 초대를 받은 잠재 고객들의 가입률을 늘려야 한다. 이를 위해 초대 프로세스와 가입 프로세스의 단계를 최소화하고 매우 쉽게 하는 것이 물론 중요하다(이보다 더 중요한 것은 친구를 초대하고 싶은 제품·서비스를 제공하는 것이지만, 이 글에서는 별도로 다루지 않는다).

2) 바이러스에 감염된 고객이 감염 상태로 머물러야 한다

아무리 바이럴 계수가 높다 해도 감염에서 회복하거나 사망 등으로 사이클을 중단시키는 사람의 수가 많아지면 위의 선순환은 무력화된다. 그 예로 에볼라 바이러스는 감염률이 매우 높은 동시에 치사율 또한 매우 높다. 이런 경우에는 바이럴 사이클이 유지되지 못하기 때문에 전 세계적으로 에볼라 바이러스가 확산되지 않은 것이다.[5]

많은 기업들이 가입자 수에 집중하다가 감염된 고객들의 회복(탈퇴 또는 비활성화)이 확산에 미치는 영향에 대해서는 간과하고 있다. 기존의 비즈니스(TV, 통신 서비스 등)에서는 구매 또는 가입을 하면 제품 또는 계약에 따라 대부분의 고객이 그대로 유지되었다. 그러나 오가닉 비즈니스에서는 가입이 반드시 고객의 활성화로 직결되지 않는다. 다음 쪽의 그림은 바이럴 계수가 1.4인 경우 고객 유지율retention rate이 확산에 미치는 영향을 보여 준다(가입한 고객이 초대를 하지 않고 탈퇴하거나 비활성화되는 것으로 가정했다).

다음 그림을 보면 유지율이 낮아지면서 성장률 또한 급격히 낮아지는 것을 볼 수 있다. 이는 감염의 선순환 과정이 미처 완성되기 전에 빠져나오는 사람들이 많아지면서 실질적으로 바이럴 계수를 낮추기 때문이다. 예를 들어, 유지율이 0.5인 경우 유효 바이럴 계수는 0.7(=1.4×0.5)이다. 이렇게 유지율이 낮은 상태에서 (바이럴) 확산에만 집중하는 것은 밑 빠진 독에 물을 붓는 격이다. 따라서 바이럴 확산에

---

5. Duncan Watts, *Six Degrees*, Norton, 2003, p. 163.

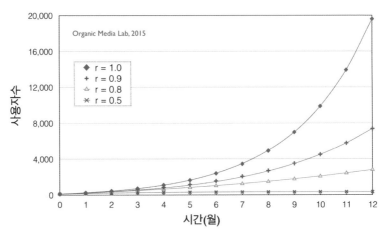

고객 유지율(r)과 확산 (K = 1.4)
(Retention Rate and Viral Expansion)

고객 유지율이 감소하면 확산 속도가 급격히 둔화된다(초기 가입자 수는 100명, 감염 사이클 주기는 30일, K는 1.4로 가정).

성공하기 위해서는 고객 유지율을 제대로 정의하고, 측정하고, 높이는 것이 선결 조건이다.

3) 몇 명을 감염시키느냐보다 얼마나 빨리 감염시키느냐가 더 중요하다

마지막으로, 바이럴 확산의 효율성을 높이는 데 매우 중요한 요소임에도 불구하고 간과되는 부분을 짚고 넘어가고자 한다. 감염 사이클 주기viral cycle time, 즉 한 사람이 다른 사람을 감염시키는 데 걸리는 시간이다.

초기 고객 수가 100명이고 바이럴 계수가 1.4인 경우를 생각해 보

감염 사이클 주기(ct)와 확산 (K = 1.4)
(Viral Cycle Time and Viral Expansion)

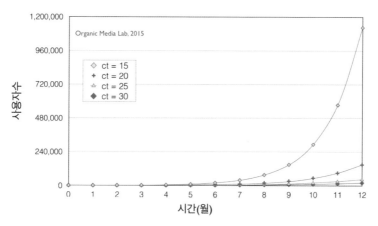

바이럴 감염 주기를 줄이면 확산 속도가 급격히 빨라진다(초기 가입자 수는 100명, 고객유지율은 1.0, K 는 1.4로 가정).

자. 바이럴 확산이 일어나더라도 100명이 1년 후에 2만 명이 되는 것은 별 효과가 없다고 생각할 수 있다. 여기서 효과를 증대하는 한 가지 방법은 바이럴 계수를 높이는 것이다. 바이럴 계수를 2로 높이면 동일한 가정하에 감염자 수는 80여만 명이 된다. 하지만 더 쉽고 효과적인 방법은 감염 사이클 주기를 줄이는 것이다.[6] 감염 사이클 주기를 반으로(한 달에서 15일로) 줄이면 1년 후의 감염자 수는 110여만 명이 된다.

---

6. David Skok, "Lessons Learned–Viral Marketing," *For Entrepreneurs*, http://www. forentrepreneurs.com/lessons-learnt-viral-marketing/.

특히 감염 사이클 주기를 줄이는 것은 바이럴 계수를 늘리는 것보다 쉽기 때문에(초대할 사람이 조금 빨리 초대하게 하는 것이 초대하지 않을 사람을 초대하게 하는 것보다 쉽다) 사이클 주기를 측정하고 이를 줄이기 위해 노력해야 한다.

'해피 바이러스'의 확산은 일반 바이러스 감염과 어떻게 다른가?

그러나 일반 바이러스의 감염과 우리가 확산시키려고 하는 메시지·제품·서비스의 확산 사이에는 분명히 다른 점이 존재한다. 이러한 메시지·제품·서비스를 '해피 바이러스'라 일컫기로 하자. 해피 바이러스는 첫째, 대부분 자발적인 전파에 의해 확산된다. 둘째, 누가 전파했느냐에 따라 전염성이 달라진다. 셋째, 많은 사람이 감염될수록 전염성이 높아진다. 바이럴 확산을 성공시키기 위해서는 이러한 차이점에 세심한 주의를 기울여야 한다.

1) 해피 바이러스는 자발적 전파에 의해 확산된다

일반 바이러스는 자신도 모르게 전파를 시키는 반면에 해피 바이러스는 감염자의 자발적인 행동에 의해 전파되는 경우가 대부분이다. 핫메일의 경우처럼 서비스를 사용하는 행위 자체가 공유·추천을 의미하는 경우도 있고, 페이스북 등에 애플리케이션·콘텐츠 등을 추천하는 경우도 있다. 이 모든 행동은 자발적인 의사 결정을 통해 이루어진다. 이때 공유나 추천을 받은 사람들이 추천을 한 자신을 어떻게 생각할지 신경 쓰지 않을 수 없으므로 그런 공유나 추천이 스팸이 되지 않도록 정성을 기울인다.

많은 기업들이 좋아요·공유 이벤트를 내걸거나 추천을 통한 가입에 경제적 인센티브를 제공하고 있다. 하지만 근본적으로 공유하거나 추천하고 싶지 않은 서비스의 경우, 이러한 인센티브는 도움이 되지 않는다. 경제적 인센티브 때문에 움직인 사람들은 대부분 곧 (감염 사이클의 선순환 과정을 완성시키지도 않고) 이탈하기 때문이다.

2) 해피 바이러스의 전염성은 누가 전파했느냐에 따라 달라진다.

일반 바이러스는 전파하는 사람이 누구냐에 따라 전염성이 달라지지 않지만 해피 바이러스의 경우에는 전파하는 사람의 영향력에 따라 전염성(가입률)이 달라진다. 말콤 글래드웰Malcolm Gladwell이 주장했듯이, 전문가maven 또는 인플루언서influencer들이 해피 바이러스의 전파에서 중요한 역할을 할 수 있다.[7]

이러한 측면에서 많은 기업들이 유명 연예인 등을 이용한 인플루언서 마케팅에 집중한다.[8] 하지만 사전에 누가 효과적인 인플루언서가 될지 알기 어렵고 많은 경우 자신과 가까운 사람들에게 더 큰 영향을 받기도 하기 때문에[9] 인플루언서 마케팅에만 집중해서는 바이럴 확산

7. Malcolm Gladwell, *Tipping Point*, Little, Brown and Company, 2000.
8. Kyle Wong, "The Explosive Growth Of Influencer Marketing And What It Means For You," *Forbes*, Sep 10, 2014, http://www.forbes.com/sites/kylewong/2014/09/10/the-explosivegrowth-of-influencer-marketing-and-what-it-means-for-you/.
9. Clive Thompson, "Is the Tipping Point Toast?" *Fast Company*, Feb 1, 2008, http://www.fastcompany.com/641124/tipping-point-toast.

에 성공하기 어렵다. 따라서 유명 연예인, 팔로어가 많은 사람 등을 인플루언서로 단정해서는 안 된다. 바이럴 확산 과정에서 누가, 어떤 인플루언서로, 어떤 컨텍스트에서 부각되는지 사후적으로 분석하는 것이 확산만큼 중요하다.

3) 해피 바이러스의 전염성은 얼마나 많은 (주변) 사람들이 감염되었냐에 따라 달라진다.

일반 바이러스는 많은 사람들이 감염되었다고 해서 바이러스의 전염성 자체가 높아지지는 않는다(노출이 많이 됨으로써 감염될 확률 자체기 높아지기는 한다). 하지만 해피 바이러스는 감염된 사람의 수에 의해 바이러스의 전염성 자체가 달라진다. 이에는 크게 두 가지 원인이 있다.[10]

첫째, 네트워크 효과가 발생하기 때문이다. 주변의 사람들이 많이 감염되면 해피 바이러스의 가치가 상승한다. 하지만 네트워크 효과는 서로 전혀 관련 없는 사람들이 감염되었을 때는 크게 유발되지 않는다. 따라서 네트워크 효과가 있는 서비스라면, 임의의 다수에게 감염시키기보다는 강한 연결로 묶인 무리를 전체 감염시켜 무리 내에서의 네트워크 효과를 유발하고 이를 주위의 무리로 다시 확산시키는 방법이 더 효과적이다.[11]

---

10. David Easley and Jon Kleinberg, *Network, Crowds, and Markets*, Cambridge University Press, 2010.
11. Hanool Choi, et al., "Role of network structure and network effects in diffusion of innovations," *Industrial Marketing Management*, January 2010.

둘째, 이른바 정보 낙수information cascade 효과 때문이다.[12] 우리는 베스트셀러를 구입하고, 더 많이 공유된 글을 공유한다. 네트워크 효과가 없다면 베스트셀러가 되었다고 해서, 또는 많이 공유되었다고 해서 제품·서비스의 가치가 높아지지는 않는다. 하지만 이러한 (판매, 리뷰, 공유 등의) 정보는 해피 바이러스에 감염되지 않은 사람들이 의사 결정을 할 때 매우 중요한 역할을 한다.

결과적으로는 다른 사람들의 행동을 모방하는 것처럼 보이지만 이는 사회적 압력social pressure에 의한 생각 없는 모방이 아니라, 제한된 정보를 가진 개인이 할 수 있는 합리적인 행동이라 할 수 있다. 따라서 똑같은 글이라도 100번 공유된 글과 5000번 공유된 글의 가치는 다르다고 할 수 있다. 양떼 효과를 노리는 많은 기업이 큰 비용을 들여 블로그에 긍정적인 리뷰(리뷰라 쓰고 광고라 읽는다)를 남기고 좋아요·공유 수를 늘리지만, 진정성이 없다면 반짝 효과에 그칠 수밖에 없다.

지금까지 바이럴 확산의 메커니즘과 확산을 측정하는 데 필요한 핵심적인 지표에 대해 알아보았다. 일반 바이러스 감염, 해피 바이러스 감염의 특성 등을 숙지했다면 오가닉 비즈니스를 막연한 단계에서 좀 더 과학적으로 측정할 수 있는 단계로 끌어올릴 수 있다.

우리는 비즈니스의 성공 지표, 측정 지표로 항상 회원 수, 1인당 지출, 매출 등의 결과값에만 집중해 왔다. 하지만 오가닉 비즈니스라는

---

12. 일반적으로 양떼 효과(herding effect)라고도 한다. 하지만 양떼 효과는 비합리적인 군중심리를 나타내는 것으로 오해할 소지가 있어 어렵지만 '정보 낙수'라는 용어를 사용했다.

것은 결과보다 과정에 집중하는 접근이다. 바이럴 확산의 관점을 정확히 이해한다면 네트워크 성장의 과정과 원리를 이해하고 과학적인 지표를 하나씩 설정해 갈 수 있는 힌트를 얻게 될 것이다.

이 글을 통해 바이럴 확산의 원리는 이해했지만 제품·서비스의 확산과 마케팅에서 빠질 수 없는 마케팅 비용의 역할에 대해서는 여전히 궁금한 것이 남아 있을 것이다. 실제로 위와 같은 유기적 방법만 사용할 경우 대부분 바이럴 계수가 1을 넘지 못하기 때문이다. 다음 글에서는 바이럴 확산의 원리와 마케팅 비용을 어떻게 조합하여 최대의 효과를 얻을 것인지에 대해 다룬다.

*참고: 바이럴 확산 모형

이 글에서 사용한 모형은 다음과 같다. 이 모형은 데이비드 스콕David Skok의 바이럴 확산 모형[13]에 고객 유지율을 추가한 것으로, 간결성을 위해 탈퇴 고객이 다른 고객을 초대하지 않고 떠나는 것으로 가정했다.

$$Custs(t)=Custs(0) \cdot \frac{(K \cdot r)^{\left(\frac{t}{ct}+1\right)}-1}{K \cdot r-1}$$

Custs(t): t 시점의 고객 수

Custs(0): 최초 고객 수

K: 바이럴 계수

---

13. David Skok, "Lessons Learned – Viral Marketing," *For Entrepreneurs*, http://www.forentrepreneurs.com/lessons-learnt-viral-marketing/.

r: 고객 유지율

ct: 감염 사이클 주기

03 바이럴 확산의 공식, Sticky-Viral-Paid, 어떻게 조합할 것인가?

How to Combine Sticky, Viral, and Paid

2015년 7월 말부터 10월까지 테슬라 모터스Tesla Motors[1]는 한시적으로 이벤트를 진행했다. 테슬라 자동차 소유주의 추천을 통해 모델 S를 구입하면 소유주와 구매자 모두에게 각각 1000달러씩 인센티브를 지불하는 고객 추천 프로그램referral program이다. 테슬라의 CEO 일론 머스크Elon Musk는 고객에게 보내는 메일에서[2] 그동안에도 모델 S 소유주들의 입소문을 통해 많은 양이 판매되었는데, 이를 더욱 촉진하기 위한

---

1. 테슬라 모터스는 전기차를 만드는 회사다. 여기서 만드는 전기차의 엔진은 소프트웨어로 구성되어 있고, 차량 에너지는 태양열로 충전한다. 세상을 태양열 에너지로 움직이게 한다는 꿈을 하나씩 실천해 가고 있다. http://en.wikipedia.org/wiki/Tesla_Motors.

2. Chris Ziegler, "Want a free Tesla Model X? Convince ten people to buy a Model S right now," *The Verge*, Jul 29, 2015, http://www.theverge.com/2015/7/29/9068871/tesla-referralprogram-free-model-x.

Bjørn Nyland   8 Aug
@BjornNyland

@elonmusk Did I win the @TeslaMotors referral competition in
EU or is it not confirmed yet? pic.twitter.com/2ubMshgDLL

Elon Musk ✅   🐦 Follow
@elonmusk

@BjornNyland **Provided all ten take delivery, you have indeed!**
10:25 PM - 8 Aug 2015

↩   ⬆ 76   ♥ 318

테슬라 모델 S를 최초로 10대 팔고 모델 X를 선물로 받은 고객과 일론 머스크의 트위터 대화.

실험이라고 설명했다. 광고에 돈을 쓰지 않는 대신 차량을 한 대 파는
데 드는 평균 비용인 2000달러를 고객에게 나눠 주는 것이다.[3]

심지어 10대를 가장 먼저 판매하는 고객에게는 한정판 모델 X를 선
물로 주겠다고 선언했다. 그런데 놀랍게도 채 2주도 지나지 않아 행운
의 모델 X 주인공이 나타났다.[4] 그는 노르웨이에 사는 프로그래머로
테슬라의 팬이었다. 그는 그동안 자신의 운전 경험을 유튜브를 통해
공유하면서[5] 이미 많은 팬을 확보해 왔는데, 고객 추천 프로그램이 도
입되자 유튜브를 통해 자신의 추천 코드를 공유했고 그 결과 모델 X

---

3. 테슬라 자동차는 테슬라 직영 매장에서만 판매된다. 매장 설립과 운영, 고객 응대 등 광고·마케팅
비용 이외에 필요한 판매비용이다.
4. Steve Hanley, "First 'Winner' of Tesla's Referral Program Confirmed by Musk," *Teslarati*,
Aug 10, 2015, http://www.teslarati.com/bjorn-nyland-first-winner-tesla-referral-program/.
5. https://www.youtube.com/user/bjornnyland/.

를 받는 행운을 얻게 된 것이다.

이러한 사례는 바이럴 확산의 전형적인 방법이다. 바이럴 확산이 일어나기 위해서는 우선 고객이 머물러야 하며(sticky), 둘째, 다른 고객을 빠른 시간 내에 끌어들이는(viral) 서비스를 제공해야 한다. 셋째, 이러한 메커니즘을 가속화하는 역할을 하는 것이 경제적(paid) 인센티브다. 불난 곳에 기름을 붓는 격이다. 불도 나지 않은 곳에 기름을 부어 봤자 돈만 낭비한다. "Sticky, Viral, Paid"[6]는 에릭 리스Eric Ries의 《린 스타트업Lean Startup》에서 제시된 비즈니스의 세 가지 성장 엔진으로, 이 글에서는 이를 바이럴 확산 관점에서 재해석하고 적용했다.

1단계 Sticky: 자발적으로 영업사원이 되게 하라

'직구'[7]를 안 해본 사람은 있지만 한 번만 해본 사람은 없다고 한다. 가치가 명확하기 때문에 고객이 머무는 것이다. 이것이 바이럴 확산의 가장 기본적인 조건이다. 고객이 스스로 제품을 추천하고 팔 정도로 진정한 가치를 느끼지 못한다면 한 번은 써보지만 이를 다시 추천하거나 팔지는 않을 것이다.

테슬라는 일반적인 전기차의 단점인 주행거리 문제를 극복했을 뿐

---

6. 적절하게 옮길 수 있는 우리말이 없어 그대로 영문을 사용했다. '점착력이 있어서 끈끈한, 사용자를 통해 전염되는, 경제적 인센티브를 제공하거나 비용을 지불하는' 방법의 조합을 말한다.
7. 해외 온라인 매장에서 제품을 직접 구매하는 행위. 구매와 배송을 대행해 주는 전문 업체를 이용한다.

바이럴 확산의 공식(Engine of Viral Expansion)

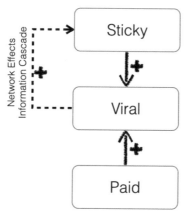

Organic Media Lab, 2015

바이럴 확산은 서비스의 점착력(stickiness), 전염성(virality), 경제적 인센티브(economic incentive)의 과학적 조합과 시너지로 이루어진다. 점착력이 있다고 반드시 전염성이 생기는 것은 아니지만 점착력 없는 전염성은 불가능하다.

아니라, 많은 부분에서 내연기관 자동차를 넘어섰다. 〈모터트렌드Motor Trend〉는 모델 S를 2013년도 '올해의 차'로 선정하면서 "모델 S는 스포츠카만큼 빠르고, 롤스로이스만큼 부드러우며, SUV만큼 짐을 실을 수 있고, 토요타 프리우스보다 연비가 좋다"고 극찬했다.[8]

그뿐 아니라 테슬라는 자동차를 구매하고 서비스를 받는 경험까지

---

8. Angus Mackenzie, "Shocking Winner: Proof Positive that America Can Still Make (Great) Things", *Motor Trend*, Nov 12, 2012, http://www.motortrend.com/news/2013-motor-trendcar-of-the-year-tesla-model-s/.

바꿨다.[9] 자동차 구매, 운전, 서비스의 모든 부분에서 긍정적인 경험을 한 고객들은 스스로 테슬라의 영업사원이 되었다. 고객이 머물도록(sticky) 하는 전략, 이를 넘어 스스로 영업사원이 되게 만드는 전략은 일론 머스크에게 새롭지 않다. 그가 CEO로 있었던 페이팔PayPal에서도 마찬가지였다. 그는 인터넷 경매 사이트인 이베이에서 물건을 사고팔던 사람들에게 기존의 방법(개인수표를 우편으로 보내는 방법)과는 비교할 수도 없는 온라인 결제 경험을 제공했고, 사용자들을 영업사원으로 만드는 데 성공했다.[10]

2단계 Viral:
영업사원이 잘 팔도록 도와라

고객이 진정으로 가치를 느끼면 아무런 물질적 인센티브가 없어도 다른 사람에게 추천을 하게 된다. 앞서 언급한 테슬라의 소유주는 이벤트 이전부터 아무런 대가 없이 모델 S에 대한 경험을 동영상으로 공유해 왔다. 페이팔로 한번 결제를 해본 구매자들은 판매자들을 페이팔 고객으로 만들었다. 페이팔을 받지 않는 판매자에게 페이팔로 받을 것을 요청한 것이다. 반대로 페이팔을 받는 판매자는 구매자가 페이팔

9. Paul J. D'Arcy, "Tesla Model S: The Disruptive Marketing of an Electric Car", Jan 20, 2013, *Science of Revenue*, http://scienceofrevenue.com/2013/01/20/tesla-model-s-the-disruptivemarketing-of-an-electric-car/.
10. Elon Musk, "Success Through Viral Marketing: PayPal," *Entrepreneurial Thought Leaders Lecture*, Oct 08, 2003, http://ecorner.stanford.edu/authorMaterialInfo.html?mid=379.

로 결제하는 것을 선호했다.

하지만 아무리 제품과 서비스가 좋더라도 추천하는 데 시간과 노력이 많이 들거나 추천하는 사람과 추천받은 사람의 관계를 해친다면 추천하지 않을 가능성이 크다. 비즈니스가 해야 할 일은 이런 문제를 해결해 주는 것이다.

1) 영업이 쉽도록 도와줘라

첫째, 가능하다면 서비스를 사용하는 행위 자체가 곧 추천이 되도록 해야 한다. 예를 들어, 모델 S를 운전하는 것 자체가 지인들에게는 추천 행위가 된다. 페이팔의 경우도 고객이 이메일 주소로 결제 금액을 보냈기 때문에 이러한 행위는 자연스럽게 새로운 고객을 끌어들이는 추천 행위가 되었다. 페이팔 사용자가 아닌 판매자는 페이팔에 가입할 수밖에 없었기 때문이다.

둘째, 사용 행위 자체를 추천 행위로 만들 수 없다면 고객이 매우 쉽고 자연스럽게 지인에게 추천할 수 있도록 도와줘야 한다. 고객을 조금이라도 고민하게 만들면 바이럴 계수는 낮아진다.[11] 그래서 카카오톡은 초기에 연락처의 지인들을 매우 쉽게(자동으로) 초대할 수 있도록 했다. 유튜브는 링크를 이용하여 동영상 공유를 쉽게 만들었다. 페이스북의 '좋아요'도 추천을 쉽게 만든 대표적 사례다. 사용하기 쉽고 간편한 '좋아요' 버튼은 개발자들에게 쉽게 확산되었고 이 버튼이 게

---

11. Adam Penenberg, *Viral Loop*, Hyperion, 2009, p. 193.

시물의 확산을, 그리고 이 게시물의 확산이 다시 페이스북의 네트워크 확산을 돕는 역할을 한 것이다.

셋째, 추천이 친구 관계에 긍정적으로 작용해야 한다. 내가 내 이익만을 위해 친구를 초대한다고 여겨지면 아무리 초대 과정이 쉬워도 초대하지 않을 가능성이 크다. 스마트폰에서의 게임 초대는 메시지를 보내기는 쉽지만 받는 입장에서는 스팸이 되기도 쉽다. 고객이 친구와의 관계를 더욱 발전시킬 수 있는 인센티브를 제공해야 한다.

테슬라 소유주들이 입소문을 내고 독자들이 오가닉미디어랩의 글을 공유하는 것은 지인들을 위해서이기도 하지만 자신의 브랜드(정체성)를 만들어 가는 과정이기도 하다.[12] 링크드인LinkedIn은 초대 메시지 마지막에 "너와 나, 우리 모두의 네트워크를 키울 수 있는 기회It will probably make both of our networks bigger"라는 문구를 넣어[13] 가입률을 높였다. 링크드인의 서비스 가치를 잘 나타내면서도 추천된 친구에게 도움이 된다는 점 또한 잘 표현하고 있다.

네트워크 효과가 매우 강한 서비스의 경우에는 이러한 인센티브가 내재되어 있다. 아담 L. 페넌버그Adam L. Penenberg는 《바이럴 루프Viral Loop》에서 이러한 유형의 서비스를 바이럴 네트워크라 불렀다. 페이팔 판매자의 경우 구매자를 페이팔에 가입시키는 것이 판매자, 구매자 모두의 경험을 향상시킨다(반대도 마찬가지다). 카카오톡의 경우도 친구들

12. 윤지영, 〈소셜 네트워크 서비스와 '나'의 정체성〉, 《오가닉 미디어》, 21세기북스, 2014.
13. Morgan Brown, "LinkedIn Growth Engine: The Never Ending Viral Loop," *Growth Hackers*, https://growthhackers.com/growth-studies/linkedin.

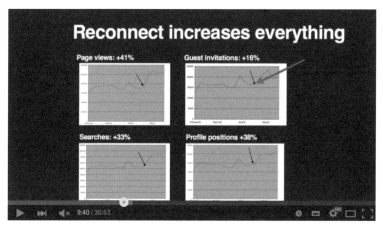

링크드인, 트위터 등의 바이럴 마케팅 사례에 대해 자세히 알고 싶다면 조시 엘먼의 강의[Josh Elman, "3 Growth Hacks: The Secrets to Driving Massive user Growth", *Grow Conference* , Aug 14, 2013, https://youtu.be/AaMqCWOfA1o]를 유튜브에서 들어 보기 바란다.

이 함께 사용하는 것이 모두에게 이익이기 때문에 초대할 인센티브가 있는 것이다. 거래 대상 또는 지인의 가입은 네트워크 효과에 의해 서비스의 가치를 더욱 높이고 이는 다시 서비스의 '점착력'을 높이는 선순환을 만든다.

선순환의 사례는 그 대상이 사람인 경우에만 국한되지 않는다. 블로그 포스트나 동영상과 같은 콘텐츠의 경우에도 좋아요, 공유 수 등을 공개하여 정보 낙수 효과에 의한 선순환을 만드는 전략 등이 여기에 해당한다.

2) 새로운 고객이 쉽게 경험하도록 도와줘라

바이럴 확산을 꿈꾸는 많은 기업이 추천, 공유에만 신경 쓰고 초대반은 사람이 최초로 경험할 때까지의 과정은 소홀히 한다. 아무리 친구가 추천한 서비스라도 직접 경험해 보지도 않고 고객이 되지는 않는다. 가입 시의 추가적인 클릭과 넘어야 할 단계는 추천만큼이나 가입률(궁극적으로 바이럴 계수)에 상당한 영향을 미친다. 바이럴 확산이 성공하려면 초대된 순간부터 최초로 서비스를 경험하는 순간까지 들어가는 시간, 노력, 비용이 최소화되도록 과정을 설계해야 한다.

일부 서비스들은 가입 단계에서 최대한 많은 정보를 얻으려 한다. 즉, 정보를 다 입력하지 않으면 가입 자체를 할 수 없게 한다. 그러나 이는 오히려 사용자를 쫓아내는 결과를 초래한다. 서비스, 콘텐츠를 경험하는 데 필요한 최소한의 정보 입력과 단계를 요구해야 한다. 유튜브에서 공유받은 동영상을 시청하기 위해서는 따로 프로그램을 다운로드해야 하는 번거로움이 없으며, 페이스북에서는 한 발 더 나아가 클릭할 필요조차 없게 했다.

쉽게 가입했지만 무엇을 해야 할지 모르는 경우에도 사용자는 떠나기 마련이다. 처음 가입했을 때가 고객에게 서비스의 가치를 배우게 할 가장 좋은 기회다. 이 기회를 놓치면 고객은 돌아오지 않을 가능성이 크다. 가입 후 바로 고객이 시간을 가지고 서비스의 가치를 경험할 수 있도록 도와야 한다.

하지만 많은 서비스들이 이 기회를 놓친다. 트위터의 경우에도 한때는 신규 가입자 14명 중 한 명 정도만 다시 돌아오는 상황이었다.[14] 구

---

14. Josh Elman, "3 Growth Hacks: The Secrets to Driving Massive user Growth," *Grow Conference*, Aug 14, 2013, https://www.youtube.com/watch?v=AaMqCWOfA1o.

한때 구글 검색에서 "I don't get(이해가 안 돼)"을 입력하면 트위터(Twitter)가 자동완성의 2순위였다(http://www.slideshare.net/joshelman/josh-elmanthreegrowthhacks growconf81413).

글 검색에서 "I don't get(이해가 안 돼)"을 입력하면 "twitter(트위터)"가 검색어 자동완성 순위 2위에 오를 정도였다.[15] 생소하고 어려워서 무슨 서비스인지 알 수가 없었던 것이다. 이런 시행착오를 겪은 뒤에 트위터는 트위터의 핵심 가치인 팔로follow와 뉴스피드newsfeed에 대해 배우고 경험할 수 있는 기회를 제공하여 새로운 고객을 붙들 수 있었으며, 이는 사용자 수를 20배 이상으로 늘리는 기반이 되었다.

네트워크 효과가 큰 서비스일수록 친구가 없으면 서비스의 가치를 경험하기 어렵다. 이러한 경우에는 가입과 동시에 초대한 친구와 연결해 주거나 이미 가입한 친구들을 쉽게 찾을 방법을 제공해야 한다. 페이스북은 '알 수도 있는 사람'을, 링크드인은 같은 직장에 근무하는 사람들을 추천했다.[16] 카카오톡은 주소록의 휴대폰 번호를 연동하여 가입한 친구를 확인할 수 있게 했다. 이러한 신규 가입 고객의 친구

---

15. 상동.

16. Morgan Brown, "LinkedIn Growth Engine: The Never Ending Viral Loop," *Growth Hackers*, https://growthhackers.com/growth-studies/linkedin.

신청은 자신이 경험하는 서비스 가치를 높이는 동시에, 예전에 가입했지만 활동은 하지 않는 고객을 다시 불러들일 가능성을 높이기도 한다. 일례로 링크드인은 친구 신청을 받아서 다시 활동하게 된 사용자가 초대를 하는 확률이 높아져서 바이럴 계수를 높이는 결과를 가져왔다.[17]

3) 새로운 고객이 최대한 빨리 영업사원이 되게 도와줘라

신규 고객을 확보했다면, 이제는 짧은 시간 안에 그를 다시 영업사원으로 만들어야 한다. 바이럴 확산을 가속화하기 위해서는 고객이 서비스를 경험한 뒤 가능한 한 빨리 초대를 시작하게 해서 감염 사이클 주기를 줄여야 한다. 감염 사이클 주기가 중요한 것은 지금까지 설명한 점착력과 전염성의 과정이 시간의 제약을 받기 때문이다.

우선 서비스 사용 자체가 곧 초대가 되는 경우에는 감염 사이클 주기가 자연스럽게 짧을 수밖에 없다. 핫메일이나 페이팔은 감염 사이클 주기가 짧아 이들 서비스가 초고속으로 성장할 수밖에 없었다.

이것이 어려울 때는 고객이 자연스럽게 초대할 수 있는 컨텍스트를 제공하는 것이 중요하다. 네트워크 효과가 있는 경우에는 가입과 동시에 친구를 초대할 수 있는 기회를 주는 것이 고객을 돕는 것이다. 이것도 어렵다면 초대하기에 적절한 컨텍스트를 찾아야 한다. 무료 음악 스트리밍 서비스인 스포티파이Spotify의 경우, 고객의 활동이 페이스북

---

17. Josh Elman, "3 Growth Hacks: The Secrets to Driving Massive user Growth," *Grow Conference*, Aug 14, 2013, https://www.youtube.com/watch?v=AaMqCWOfA1o.

을 통해 자동으로 공유되도록 했다. 우버는 스포츠 이벤트, 궂은 날씨, 주말의 밤 문화 등을 우버의 바이럴 확산 촉매제로 활용하고 있다. 이러한 상황에서는 우버의 감염이 2배로 높아진다고 한다.[18]

3단계 Paid: 영업사원이
더 잘 팔 수 있도록 돈을 써라

위와 같이 유기적인 방법만으로 바이럴 계수가 1이 넘고 감염 사이클 주기가 짧아진다면 좋겠지만 현실에서는 그렇지 않은 경우가 대부분이다. 이때 페이팔, 테슬라, 우버와 같이 추천인과 가입자에게 경제적 인센티브를 제공하여[19] 바이럴 계수를 높이고 감염 사이클 주기를 줄일 수 있다.

그런데 왜 처음부터 인센티브를 제공해서 바이럴 확산을 유도하지 않고 나중에 실행해야 하는지 의문을 품는 독자들도 있을 것이다. 처음부터 인센티브를 제공하면 서비스의 기본적인 전염성을 알기가 어려울 뿐 아니라 광고비를 효율적으로 집행하기도 어렵기 때문이다. 인센티브를 나중에 제공함으로써 광고비의 효과도 높일 수 있다. 예를 들어 처음부터 광고를 통해 고객을 가입시키는 경우 가입비용이 1인당 1만 원이라면, (오가닉) 바이럴 계수가 1이 되도록 만든 뒤에 광고비

---

18. Travis, "Chicago – Uber's biggest Launch to date?" *Uber Newsroom*, Sep 21, 2011, http://newsroom.uber.com/chicago/2011/09/chicago-ubers-biggest-launch-to-date/.
19. 윤지영, 〈경험이 광고다: "아뇨, 우버를 불렀어요"〉, 오가닉미디어랩, 2015년 7월 2일, http://organicmedialab.com/2015/07/02/evolution-of-advertising-experience-isadvertisement/.

를 지출하면 1만 원으로 두 명을 가입시킬 수 있다. 고객 1인당 가입비가 5000원으로 줄어드는 것이다.

물론 페이팔이나 우버처럼 서비스를 경험하기 위해 고객이 돈을 지불해야 하는 경우는 처음부터 인센티브를 제공하는 것을 고려할 수도 있다. 하지만 인센티브를 제공한다고 바이럴 확산이 바로 일어나는 것은 아니다. 제품·서비스를 추천할 내재적인 인센티브와 경제적인 인센티브의 시너지 효과가 필요하다.

페이팔은 추천인과 가입자에게 10달러를 지불하는 추천 프로그램을 초기부터 도입하기도 했지만, 더 흥미로운 점은 이 추천 코드가 심지어 이베이에서 하나의 상품으로까지 판매되었다는 것이다. 이베이의 판매자들은 페이팔의 추천 링크를 판매했다. 고객이 이 링크를 통해 페이팔에 가입하면 판매자와 고객 모두 10달러를 받을 수 있었기 때문이다. 결과적으로 페이팔이 스스로 '−20불'짜리 제품이 되면서 확산은 더욱 가속화되었다.[20] 판매자들은 추천을 통해 10달러도 벌고 결제의 편리함도 얻었다.

결론: 바이럴 확산은 이벤트가 아니라 연속적 사이클을 만드는 과정이다

지금까지 점착력과 전염성, 그리고 비용의 메커니즘을 중심으로 바이

---

20. Adam Penenberg, *Viral Loop*, Hyperion, 2009, p. 169.

럴 확산의 공식을 정리해 보았다. 오가닉 비즈니스는 고객들이 만드는 연결을 기반으로 성장한다. 이 연결은 단순히 제품의 구매나 소문을 내는 행위가 아니다. 제품과 서비스의 발견, 선택, 경험 그리고 공유 과정에서 일어나는 모든 연결을 포괄한다.[21] 그렇기에 바이럴 확산은 제품·서비스의 가치, 경험의 과정, 이 과정이 만드는 네트워크, 그 네트워크가 만드는 확산의 효과 등을 모두 포괄하게 되는 것이다.

그러므로 바이럴 확산을 결코 일회성 이벤트로 이해해서는 안 된다. 이것을 실무적으로 적용하기 위해서는 연속적인 지표가 필요하다. 예를 들어 누가 누구를 추천했고, 누구의 추천으로 가입했는지(추천 네트워크)를 파악하는 것은 필수적이다. 바이러스를 전염시키는 과정에서 누가 (슈퍼) 전파자인지를 파악하고 이들이 지속적인 매개자가 될 수 있도록 해야 한다. 또한 광고비의 지출이 단 한 번의 결과 산출에 그치지 않고 지속적으로 다음 캠페인과 마케팅에 초석이 될 수 있도록 연속적인 사이클을 만들어야 한다. 바이럴 확산의 공식은 서비스가, 시장이 살아 있음을 다시 한 번 입증한다.

---

21. 윤지영, 〈컨텍스트의 4 요소〉, 오가닉미디어랩, 2015년 4월 15일, http://organicmedialab. com/2015/04/15/4-elements-of-context/.

공짜 세상에서 어떻게 돈을 벌 것인가?

공짜에서 유료로 (From Free to Paid)

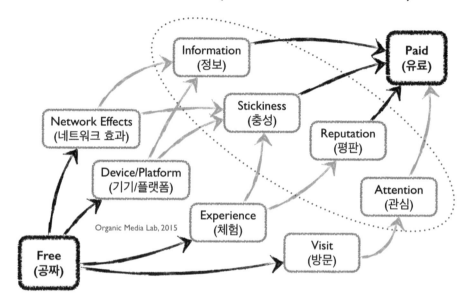

지금까지 오가닉 비즈니스의 가치, 작동 원리, 경쟁 방식, 확산 공식에 대해 알아 보았다면 제5부에서는 어떻게 돈을 벌 것인지를 다룬다.

정보가 재화가 되는 시장은 공짜가 기준이 되는 시장이다. 이러한 세상에서는 왜 서비스 모델과 수익 모델을 분리하여 생각해야 하는지, 어떻게 공짜 기반의 수익 모델이 가능한지, 어떻게 수익을 극대화할 수 있는지, 성공적인 수익 모델이 넘어 야 할 산은 무엇인지를 살펴본다.

01

수익 모델의
3P

3Ps of Revenue Models: Payer, Packaging, and Pricing

사람들은 대부분 구글을 검색 서비스를 제공하는 회사로 생각한다. 하지만 여러분은 구글을 이용하여 검색할 때 돈을 내지 않는다. 즉, 구글은 검색 서비스를 팔지 않는다. 그렇다면 구글을 검색 회사라고 할 수 있을까?

실제로 구글이 파는 것은 검색 광고다. 그렇다면 구글은 광고 회사인가? 아니면 검색 회사이기도 하고 광고 회사이기도 한 것인가? 구글의 비즈니스 모델은 무엇인가? 이 글에서는 왜 구글, 아마존, 페이스북과 같은 기업의 비즈니스 모델이 '가치를 제공하는 관점'과 '돈을 버는 관점'으로 분리될 수밖에 없는지를 살펴보고 수익 모델의 진화 방향을 알아본다.

비즈니스 모델
개념의 진화

비즈니스 모델은 기업이 어떻게 가치를 창출하고, 전달하고, (돈으로) 회수할지에 대한 이야기다.[1]

예를 들어, 생수 회사는 생수를 팔아서 돈을 번다. 고객에게 가치를 제공하는 서비스 모델과 돈을 버는 수익 모델이 일치한다. 생수 회사 입장에서는 어떻게 소비자들이 원하는(가치 있는) 생수를 만들 것인지가 중요하다. 유통 채널, 가격 결정 등의 중요한 문제가 있지만 이는 팔릴 생수를 만드는 것과 비교하면 부차적인 문제다. 여기서는 어떻게 가치를 창출할 것인지가 가장 중요한 문제다.

하지만 생수를 무료로 제공하고 병에 광고를 붙여서 돈을 번다면 문제가 달라진다. 실제로 호주의 한 스타트업은 무료 생수 비즈니스[2]를 시도하고 있다. 이러한 상황에서는 비즈니스에서 가치를 전달하는 서비스 모델(생수 회사)과 돈을 벌어들이는 수익 모델(광고 회사)을 분리해서 고민할 수밖에 없다.

전통적인 비즈니스 관점에서 보면 이러한 현상이 매우 예외적이라

---

1. Alexander Osterwalder & Yves Pigneur, *Business Model Generation*, John Wiley & Sons, 2010.
2. Bala Murali Krishna, "Sirene Water wants to hand out free bottled water... as a way to promote corporate social responsibility? Hip to the times or dripping in hypocrisy?" *Australian Anthill*, Jul 8, 2013, http://anthillonline.com/sirene-water-wants-to-hand-out-free-bottledwater-should-be-hand-out-bouquets-or-brickbats/.

고 생각할지 모르겠다. 그러나 오가닉 비즈니스에서는 피할 수 없는 고민이다. 구글의 서비스 모델은 검색이지만 수익 모델은 광고다. 카카오톡의 서비스 모델은 모바일 메신저이지만 수익 모델은 중개(예를 들어 게임과 게이머의 중개)다.

왜 이런 현상이 생기는가? 대부분의 인터넷 서비스가 여러 가지 이유로 무료를 기반으로 시작하기 때문이다. 구글, 페이스북, 스포티파이, 김기사 등 수많은 서비스와 애플리케이션이 무료로 서비스를 시작했다(김기사의 경우 초기에는 유료였으나 곧 무료화했다).

고객을 확보하면 수익은 자연스럽게 따라올 것으로 생각하지만 한 번 무료화된 서비스를 기반으로 돈을 버는 것monetization은 그렇게 간단한 문제는 아니다. 우리나라를 포함한 전 세계 언론사들이 어떻게 인터넷을 기반으로 수익을 올릴 것인지를 고민하고 있지만 쉽게 답을 찾지 못하고 있는 상황이다. 특히 서비스의 무료화가 가속화하고 있기 때문에 수익 모델에 대한 고민은 더욱 가중될 수밖에 없다.

위의 관점에서 보면 앞으로의 비즈니스 모델은 다음과 같이 정의될 수밖에 없을 것이다.

비즈니스 모델＝서비스 모델＋수익 모델

서비스 모델은 고객에게 어떤 가치를 창출하고 어떻게 전달할 것인지에 대한 이야기인 반면, 수익 모델은 돈을 누구에게서, 서비스의 어떤 부분에 대해, 얼마에, 어떤 방법으로 받을 것인지에 대한 이야기다.

수익모델의 3P (3Ps of Revenue Model)

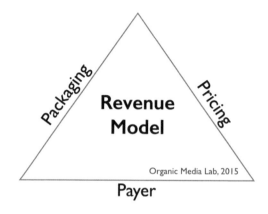

수익 모델은 누가(Payer), 무엇에 대해(Packaging), 얼마를·어떻게(Pricing) 지불하게 할 것인지에 대한 이야기다.

수익 모델의 3P

수익 모델을 만들기 위해서는 구체적으로 다음과 같은 고민이 필요하다. 다음 세 가지 질문은 독립적으로 생각할 수 있는 것이 아니지만 설명을 위해 나누었다.[3]

1) 누구에게서 돈을 받을 것인가?(Payer)

기존 비즈니스에서는 (당연히 모든 고객이 돈을 내기 때문에) 누구에게서 돈

---

3. Pricing, Payer, Packaging은 수익 모델 혁신을 다룬 사울 버먼의 《낫 포 프리》[Saul Berman, *Not For Free*, HBR Press, 2011]를 일부 참고했으나 개념과 적용의 범위는 다르다.

을 받을 것인지 고민하지 않았다. 하지만 이것은 오가닉 비즈니스의 수익 모델에서는 가장 중요하고 근본적인 질문이다. 여기서는 누가 돈을 낼 가능성이 제일 높은지, 누구에게서 돈을 받는 것이 비즈니스를 가장 잘 성장시킬 것인지 고민해야 한다.

서비스를 이용하는 고객에게서 받는다면 구체적으로 어떤 고객들에게서 받을 것인지, 제3자에게서 받는다면 구체적으로 누구에게 받을 것인지를 결정해야 한다. 구글의 경우는 광고주에게서 돈을 받지만 기존의 대형 광고주가 아닌 중소 규모의 광고주에게서 돈을 받는다.

2) 서비스의 어떤 부분을 팔 것인가?(Packaging)

고객에게 가치 있는 것은 모두 판매의 대상이 될 수 있다. 그러나 가치가 있다고 무조건 고객이 돈을 내지는 않는다. 구글 검색이 가치는 있지만 고객들에게서 돈을 받는 것은 불가능하다고 보아야 한다.

그렇다면 과연 무엇이 고객 또는 제3자가 돈을 기꺼이 낼 의사가 있는 부분인지 파악해야 하는데, 그렇게 단순하지는 않다. 넘쳐나는 것에 돈을 지불할 사람은 없기 때문이다. 최소한 돈을 낼 사람들에게 중요하고 희소한 부분을 찾아야 한다.

예를 들면 구글은 광고할 공간을 파는 것이 아니라 광고주들이 관심을 가지고 있는 키워드를 팔고 있다. 인터넷 세상에서 광고할 공간은 넘쳐나지만 광고주들이 관심을 가진 키워드를 입력하는 소비자들은 희소하다.

3) 얼마나, 어떤 방법으로 받을 것인가?(Pricing)

과거에는 가격을 정하는 것이 간단했다. 하지만 이제는 다양한 패키징(버저닝과 번들링)이 가능하고 받는 방법(예를 들어 월정액, 건별, 고정 가격, 변동 가격 등)도 다양하다. 인터넷 서비스에서는 돈을 내는 사람이 언제든지 떠날 수 있기 때문에 단기적인 수익의 극대화보다는 장기적인 수익의 극대화를 목적으로 가격 등을 정해야 한다.

예를 들어 아마존의 창업자 제프 베조스는 다음과 같이 장기적인 수익 극대화의 중요성을 강조했다. "세상에는 두 종류의 기업이 있다. 하나는 고객에게서 어떻게든 더 많이 받으려 하는 기업이고 다른 하나는 고객에게 어떻게든 적게 받으려는 기업이다. 아마존은 후자다."[4]

구글은 광고 건별로 경매를 통해 가격을 정한다. 광고주 입장에서는 (효과가 있는 만큼 돈을 쓰면 되므로) 울며 겨자 먹기로 입찰에 참여하지 않아도 되는 반면, 구글 입장에서는 수익이 극대화되는 방법이다.

자세한 수익 모델의 3P는 이어지는 글에서 구체적인 사례와 함께 하나씩 살펴볼 기회를 가질 것이다. 이 글에서는 공짜 세상에서 수익 모델의 진화 방향을 이해하는 것이 목적이다. 이를 위해 음악 서비스를 사례로 수익 모델이 어떻게 변해 왔는지 확인해 보자.

---

4. Matthew Panzarino , "Amazon's Bezos: We worked hard to charge you less for Kindle fire," *TNW News*, Sep 28, 2011, http://thenextweb.com/mobile/2011/09/28/amazons-bezos-weworked-hard-to-charge-you-less-for-kindle-fire/.

사례: 음악 서비스
수익 모델의 진화

CD 시절에는 10개 내외의 음악이 패키지로 판매되었다. 당연히 고객이 일이만 원의 돈을 내고 CD를 구매했다. 그런데 애플의 아이튠즈는 CD로 묶여 있던 것을 풀어 한 곡씩 1000원에 판매했다.

당시는 냅스터 등의 파일 공유 서비스를 통한 음악 불법 복제가 한창이었는데, 스티브 잡스는 1달러짜리 곡을 불법 복제하기 위해 시간을 쓰는 것은 스스로를 최저 임금 수준의 노동자로 낮추는 것이라고 했다.[5]

음악 서비스 수익모델의 진화

	Payer	Packaging	Pricing
CD	소비자	CD(10 여곡)	CD 당 $10~20
iTunes	소비자	1 곡	곡당 $1
Melon	회원	월간 무제한 스트리밍	월 $5
Spotify	광고주	7가지의 다양한 포맷	$15 CPM
	유료 회원	월간 무제한 스트리밍 (Premium 버전)	월 $10

음악 서비스의 수익 모델은 지난 10여 년간 엄청난 변화를 겪었다. 이제는 모든 비즈니스가 수익 모델의 진화를 고민하지 않으면 안 되는 세상이 되었다.

이런 관점에서 보면 소비자는 더 이상 음악을 사는 것이 아니라 자신의 시간을 사는 것이라고도 할 수 있다. 특히 당시의 애플 입장에서는 음악으로 돈을 벌기보다는 아이팟을 팔아서 돈을 벌었기 때문에 이런 관점의 전환이 가능했고, 음반사 입장에서도 불법 복제에서 벗어날 수 있는 계기가 되었다.

멜론 등의 유료 음악 서비스에서는 이제 더 이상 곡을 소유하는 것이 아니라 한 달 동안 음악을 무제한으로 들을 수 있는 권리가 판매의 대상이 되었고, 고객이 매월 이용료로 5000원 정도를 지불한다. 멜론 등의 유료 음악 서비스는 우리나라에서 음악 불법 복제를 종식시키는 결과를 가져왔는데, 이는 소비자들이 음악을 사는 것이 아니라 편리함의 대가로 돈을 지불한 것이라 할 수 있다.

이렇게 유료로 제공되던 음악은 스포티파이를 통해 본격적으로 무료화되었다. 스포티파이는 2015년 현재 3000만 곡 이상을 보유하고 있고, 전 세계 58개 국가에 약 7500만 명의 실제 사용자를[6] 가지고 있는 서비스다.

스포티파이와 같은 음악 서비스는 두 가지를 판다. 하나는 광고이고, 다른 하나는 프리미엄 서비스다. 프리미엄 서비스는 광고가 없고 오프라인 상태에서도 들을 수 있는 등 무료 서비스와는 차별화된 서비스다(이른바 '프리-미엄freemium 모델). 현재 7500만 명의 사용자 중 유료 회원의 수는 2000만 명이다.[7] 다양한 형식(Sponsored Session, Branded

5. Walter Isaacson, *Steve Jobs*, Simon & Schuster, 2011, p. 403.
6. http://press.spotify.com/au/information/.

Playlist 등)의[8] 광고 매출도 지속적으로 늘고 있다.[9]

물론 유료 서비스와 무료 서비스로 패키징을 한다고 끝나는 것은 아니다. 유료 회원과 무료 회원은 완전히 다른 고객이다. 최대한 많은 무료 회원을 유료 회원으로 전환시키려는 것도 중요하지만, 무료 회원의 활동이 유료 회원이 더 좋은 경험을 할 수 있도록 만드는 것이 더 중요하다.

마찬가지로 광고주들도 더 이상 노출만을 바라지 않는다. 그들은 더욱 효과적이고 결과를 파악할 수 있는 광고를[10] 원한다. 여기에 맞는 광고 형식, 과정, 가격 등을 정하는 문제는 단순한 노출 광고만이 존재하던 과거와는 차원이 달라졌다는 것을 인정해야 한다. 수익 모델은 갈수록 다양하고 복잡해지고 있으며, 소비자들이 돈을 지불하는 이유도 달라지고 있다.

지금까지 오가닉 비즈니스에서는 왜 비즈니스 모델이 서비스 모델과 수익 모델로 분리될 수밖에 없는지 살펴보고 새로운 수익 모델의 방향을 알아보았다. 하지만 수익 모델이 중요하다고 해서 서비스 모델이 덜 중요하다는 것은 아니다. 또한 서비스 초기부터 반드시 수익 모

7. 상동.

8. Stephen Biernacki, "Pandora and Spotify: What advertisers need to know," *Educational Marketing Group*, Oct 14, 2013, http://emgonline.com/blog/2013/10/pandora-and-spotifywhat-advertisers-need-to-know/.

9. Tim Ingham, "Spotify ad revenue jumped 53% in Q1," *Music Business Worldwide*, Apr 19, 2015, http://www.musicbusinessworldwide.com/spotify-ad-revenue-jumped-53-q1/.

10. 윤지영, 〈경험이 광고다: "아뇨, 우버를 불렀어요"〉, 오가닉미디어랩, 2015년 7월 2일, http://organicmedialab.com/2015/07/02/evolution-of-advertising-experience-isadvertisement/.

델이 있어야 한다는 것도 아니다.

그러나 서비스의 성장과 함께 지속적으로 고민과 실험을 통해 수익 모델을 찾아가는 것이 중요하다. 무엇보다 왜 서비스 모델과 수익 모델이 분리될 수밖에 없는지를 이해함으로써 지속적으로 성장 가능한 수익 모델을 다양하게 발굴할 기회를 놓치지 말아야 한다.

02 하지만 공짜 점심은 없다?

There's No Such Thing as a Free Lunch?

공짜 스마트폰[1]이 가능한 것은 여러분도 잘 알다시피 통신사가 보조금을 지급하기 때문이다. 하지만 정말로 통신사가 여러분 대신에 스마트폰 값을 지불한 것일까? 당연히 아니다. 미래의 내가 현재의 나를 대신해서 내준 것이다.

이런 상황을 빗대어 우리는 "세상에 공짜 점심은 없다There ain't no such thing as a free lunch"고 한다. 지금 당장은 공짜인 것 같지만 결국 알게 모르게 그 대가를 지불하게 되는 상황을 "공짜 점심은 없다"고 표현하는 것이다. 그렇다면 오가닉 비즈니스에서는 어떨까? 공짜 점심이

---

1. 아쉽게도 이른바 "단통법(2014년 10월부터 시행된 '단말기 유통구조 개정 법'의 줄임말)" 때문에 이제는 공짜 스마트폰을 찾기가 거의 불가능해졌다.

란 여전히 존재할 수 없는 것인가, 아니면 공짜 점심이 가능한 방법이 있는가?

이번 글에서는 공짜 세상에서, 어떻게 공짜에 기초한 비즈니스가 지속 가능한지 살펴본다. 앞선 글에서 언급한 수익 모델의 3P 중 'Payer', 즉 '누구에게서' 돈을 받을 것인가에 대한 이야기를 풀어 보고자 한다.

교차 보조의
심화 현상

비즈니스가 지속 가능하려면 들어오는 돈(매출)이 나가는 돈(비용)과 같거나 그보다 많아야 한다. 이는 불변의 진리다. 다시 말하면 여러분이 공짜로 인터넷의 다양한 서비스를 쓸 수 있는 것은 누군가 대신 돈을 내주기 때문이다. 구글은 광고주들이, 카카오톡은 게이머들이, 에버노트나 스카이프는 유료 서비스 이용자들이 대신 돈을 내주고 있기 때문에 비즈니스가 지속 가능한 것이다.

이러한 현상을 경제학적으로는 '교차 보조cross subsidization'라고 부른다. 단순하게 보면 내가 내야 할 돈을 누군가 대신 내주는 것으로 생각하면 된다(물론 불행히도 반대의 경우도 많을 것이다). 네트워크 세상에서는 이러한 현상이 더욱 두드러지게 나타날 뿐 아니라 소비자 대신 돈을 내주는 주체도 매우 다양해졌다.

연결된 세상에서 돈을 내는 주체는 크게 네 가지로 나뉜다. (1) 자기 자신, (2) 같은 제품을 사용하는 다른 사용자, (3) 제3의 다른 그룹(3rd

party), (4) 제품을 생산·제공하는 시장이다. (1)에서 (4)로 갈수록 자기
자신과 관계가 없어지기 때문에 더 근본적인 차원의 교차 보조라 할
수 있다. 이 네 유형에 대해 하나씩 알아보도록 하자.

내가 나에게
(From Me to Me)

지금 당장은 공짜로 제품을 사용하지만 결국은 자기 자신이 돈을 내
게 되는 경우다. 이러한 유형은 기존에도 마케팅의 영역에서 많이 다
룬 방법이다. 예를 들어 공짜 제품을 미끼 상품으로 이용하여 고객을
모으고 이들이 다른 유료 제품을 사도록 유도하는 식이다.

앞서 언급한 공짜 스마트폰이 이 경우에 해당한다. 내가 나 대신 돈
을 내는 경우는 크게 두 가지가 있는데, 하나는 제품·서비스 차원이
고 다른 하나는 시간 차원이다. 대부분의 경우에는 두 차원이 동시에
적용된다.

우선 제품·서비스 차원의 교차 보조는 공짜를 미끼로 유료 제품을
사도록 유도하는 경우를 말한다. 이 경우 대부분은 할인의 다른 형태
이지만 심리적으로는 더욱 효과적일 수 있다.

월 이용권(월 2만 3000원)을 구매하면 공짜 게임 아이템(예를 들어 의
상)을 제공하는 엔씨소프트의 '블레이드앤소울' 같은 월정액 게임, 또
는 무제한 무료 배송 서비스(연간 99달러)에 무료 영화 스트리밍(Prime
Instant Videos) 및 무료 전자책 대여 서비스(Kindle Owners' Lending Library)
를 포함하는 아마존 프라임Amazon Prime을 예로 들 수 있다.[2]

시간 차원의 교차 보조는 미래의 내가 현재의 나를 보조하는 경우다. 넷플릭스의 영화 스트리밍 서비스(월 7.99달러), 아마존 프라임 같은 유료 서비스를 최초 1개월간 공짜free trial로 제공하는 경우나 유료 소프트웨어를 한시적으로 공짜로 제공하고 추후 유료 업그레이드를 유도하는 경우가 이에 해당한다.

두 가지 차원이 동시에 적용되는 예로는 공짜 스마트폰이나 원가에 판매되는 아마존 킨들[3]을 들 수 있다. 공짜 스마트폰의 경우 유료 음성·데이터 서비스에 2년간 가입함으로써, 아마존 킨들은 나중에 유료 전자책을 구매함으로써 미래의 내가 현재의 나를 보조한다. 이러한 경우는 대부분 공짜인 제품과 유료 제품이 보완재complementary goods다.

또 다른 예로는 넥슨의 메이플 스토리와 같은 부분 유료화micro-transaction model 게임[4]을 들 수 있다. 이러한 게임의 경우 공짜로도 게임을 즐길 수 있으나 시간을 절약하려거나, 더욱 강해지려거나, 잘 꾸미려면 유료 게임 아이템을 구매할 수밖에 없다.

2. 초기의 아마존 프라임은 무제한 무료 배송만 제공하다가 2011년부터 무료 콘텐츠를 추가했다 [http://en.wikipedia.org/wiki/Amazon.com#Amazon_Prime].
3. "Kindle Fire HD and Paperwhite sales make Amazon no profit," *BBC News*, Oct 11, 2012, http://www.bbc.co.uk/news/technology-19907546.
4. John Gaudiosi, "Nexon Celebrates Seventh Anniversary Of MapleStory Game With Continued Success," *Forbes*, May 23, 2012, http://www.forbes.com/sites/johngaudiosi/2012/05/23/nexon-celebrates-seventh-anniversary-of-maplestory-game-with-continued-success/.

유료 사용자가 나에게
(From Person to Person)

유료 사용자가 지속적으로 공짜 사용자를 보조하는 경우다. 대표적인 사례로 '프리-미엄Freemium'을 들 수 있다. '프리-미엄'은 '무료Free'와 '프리미엄Premium'의 합성어로, 기본적인 서비스는 공짜로 제공하고 추가적인 서비스를 유료화하는 비즈니스 모델이다.

예를 들어 내가 애용하는 전천후 노트 서비스인 에버노트, 클라우드 문서 서비스인 구글 드라이브의 경우 대부분의 사용자가 공짜로 사용한다. 하지만 다른 사용자들과 협업을 해야 하거나 사용량이 많은 헤비 유저heavy user는 유료 버전을 사용한다.

프리-미엄 모델이 앞서 설명한 모델(내가 나를 보조하는 경우)과 다른 것은 대부분의 공짜 사용자는 공짜 사용자로 머문다는 점이다. 공짜가 미끼가 아니고 지속적인 가치를 제공하는 것이다.[5] 따라서 대부분의 사용자는 기본 서비스가 제공하는 가치에 만족하여 돈 한 푼 내지 않고 서비스를 사용하며, 약 5% 정도의 일부 사용자들이 돈을 내고 사용한다.[6]

또 다른 사례로는 '그룹 가격 결정group pricing'이 있다.[7] 고객의 유형

5. Fred Wilson, "My Favorite Business Model," *AVC*, Mar 23, 2006, http://www.avc.com/a_vc/2006/03/my_favorite_bus.html.

6. Chris Anderson, *Free*, Hyperion, 2010.

7. Shapiro and Varian, *Information Rules*, Harvard Business School Press, 1999.

에 따라 다른 가격을 받는 경우다. 예를 들어 일부 온라인 데이팅 서비스에서는 여자는 무료이고 남자는 유료다. 구글의 클라우드 컴퓨팅 서비스인 구글 앱스Google Apps는 학교는 공짜이고 일반 기업은 유료다. 이처럼 일부 단체(대부분의 경우 돈이 없는)는 공짜로 사용하는 한편 유료 사용자가 지속적으로 공짜 사용자를 보조한다.

제3자가 나에게
(From Party to Party)

직접적으로 제품·서비스를 사용하지 않는 제3자3rd Party가 제품·서비스를 사용하는 모든 (공짜) 사용자를 대신하여 돈을 내는 경우다. 라디오나 텔레비전 같은 전통적인 미디어의 광고 모델이 대표적인 사례다.

　이것을 '제3자 시장3rd party market'이라고도 하는데, 서비스 제공자(방송국)와 서비스 사용자(시청자)의 양자 간 거래에 제3자(광고주)가 서비스 사용자를 대신하여 돈을 내는 시장을 뜻한다.[8] 대부분의 경우 제3자는 서비스 사용자가 (잠재) 고객이어서 장기적으로 보면 서비스 사용자가 돈을 내는 것이나 마찬가지다.

　오가닉 비즈니스에서 제3자 시장의 대표적인 사례로는 구글의 광고 플랫폼인 '애드워즈Adwords'를 들 수 있다. 광고주는 애드워즈를 이용하여 구글에 검색 광고 또는 컨텍스트 광고를 내고 이 광고가 클릭될

---

8. Chris Anderson, *Free*, Hyperion, 2010.

때 광고비를 지불한다. 덕분에 구글 사용자는 공짜로 구글의 다양한 서비스를 즐길 수 있다.

구글은 여기서 한 걸음 더 나아가 '애드센스AdSense'라는 서비스를 기반으로 자신의 광고 플랫폼을 구글 밖의 공간(예를 들어 뉴스 사이트, 개인 블로그 등)으로도 확장함으로써 제3자 시장이 아니라 '제4자 시장'을 만들었다.

페이스북이나 동영상 스트리밍 서비스 훌루Hulu 등 인터넷상의 많은 서비스가 제3자의 보조에 기반을 둔 수익 모델을 가지고 있다. 하지만 전통적인 미디어의 광고 모델과는 달리 매우 다양하고, 효과를 측정할 수 있으며, 확장 가능한 형태로 진화하고 있다.

시장이 나에게(From Monetary Market to Non Monetary Market)

서비스 제공자·콘텐츠 생산자가 모든 (공짜) 사용자를 보조하는 경우다. 이들은 자신의 서비스·노동력을 돈이 아닌 것을 대가로 받고 제공하는 것이라 할 수 있다.

첫째는 자신이 가진 정보·지식 등을 공짜로 다른 사람들과 나누는 것이다. 자신이 가진 것을 아무 조건 없이 나누고 만족감을 얻거나 장기적으로는 명성을 얻기도 한다. 이전 글에서 여러 번 언급했던 위키피디아나 리눅스 같은 사례가 이에 해당한다. 이러한 시장을 '선물 경제gift economy'라고 부르기도 한다.

둘째는 사용자에게 돈이 아닌 다른 것을 요구하는 경우다. 사용자의 노동력, 시간, 개인 정보, 영향력 등을 요구하고 서비스를 제공하는 것이다. 이는 '물물교환 경제barter economy'라 할 수 있다.

예를 들어, 구글이 전화번호 안내 서비스(GOOG-411)를 무료로 제공한 것은 사용자들에게서 음성인식 시스템을 향상하는 데 필요한 데이터를 얻기 위해서였다.[9] 또 다른 예로는 유료 애플리케이션이나 유료 리포트를 트위터에서 리트윗을, 또는 페이스북에서 '좋아요'를 클릭한 사용자에게 무료로 제공하는 것이다.

지금까지 여러분이 수많은 공짜 서비스를 쓸 수 있는 이유는 누군가 비용을 대신 내주기 때문이라는 것을 설명했다. 그렇다면 오가닉 비즈니스에서도 진정한 공짜 점심은 없는 것인가?

우선 경제학적(이론적)으로 따지자면 공짜 점심은 없다고 할 수 있다. 누군가 대신 내주기는 하지만 결국 내가 그 누군가에게 직간접적으로 비용을 지불하기 때문이다(예를 들어 대부분의 제품에는 광고비가 이미 포함되어 있다).

하지만 현실적으로는 오가닉 비즈니스에 공짜 점심이 존재한다. 위키피디아를 사용하고, 에버노트에 노트를 하고, 구글에서 검색을 할 때 실질적으로 내가 얼마나 많은 비용을 지불하고 있는지 생각해 보면, 내가 얻는 가치에 비해 정말 무시할 수 있을 정도로 적은 금액임을 알 수 있다.

그뿐 아니라 교차 보조의 범위가 확대되고 복잡해지면서 보조의 직

9. Kevin Purdy, "Free Alternatives to the Departing GOOG-411," *Lifehacker*, Nov 12, 2010, http://lifehacker.com/5688041/free-alternatives-to-the-departing-goog+411.

간접적인 관계를 파악하는 것도 거의 불가능해지고 있다. 따라서 연결된 세상의 오가닉 비즈니스에서는 실질적인 공짜 점심이 존재한다고 보아야 한다. 오가닉 비즈니스 시장의 공짜는 미끼로서의 공짜가 아니라 실질적인 공짜인 것이다. 공짜가 기준이 되는 세상에서 '누구에게서' 돈을 받을 것이냐는 문제는 그 어느 때보다 중요한 이슈가 되었다.

03 버전과 번들의 경제학

Economics of Versioning and Bundling

여러분이 새로운 온라인 게임을 개발해 판매하려 한다고 가정하자. 시장조사 결과 다음 쪽의 그림에서 보듯이 가격을 1만 원으로 책정하면 2만 개가 팔리고 2만 원으로 책정하면 1만 개가 팔리는 것으로 파악되었다. 이때 여러분이라면 가격을 얼마로 결정하겠는가?

이에 대한 답은 가격 차별화 전략에 따라 달라지며, 특히 오가닉 비즈니스에서는 매우 다양한 방식으로 여러 개의 답이 나올 수 있다. 이 글에서는 '버저닝versioning'과 '번들링bundling'을 비롯한 가격 차별화가 어떻게 수익을 극대화할 수 있는지 경제학적인 관점에서 살펴본다. 앞선 글 〈수익 모델의 3P〉에서 언급했던 내용 가운데 '가격 결정pricing'의 기본적인 원리를 이해하는 시간을 가지고자 한다.

가격 차별화 (Price Discrimination)

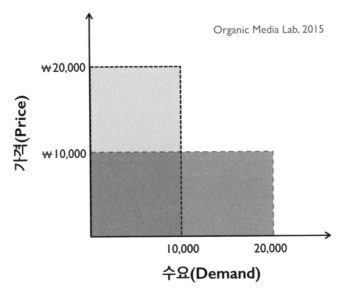

수익과 가격 차별화: 수익을 극대화하기 위해서는 가격 차별화가 필요하다.

가격 차별화란 무엇인가?

소프트웨어나 인터넷 서비스와 같은 정보재는 아카데미 버전, 무료 free 버전, 체험trial 버전, 일반standard 버전, 전문가pro 버전, 홈 버전, 엔터프라이즈 버전 등 다양한 버전이 존재한다. 책이나 영화 같은 콘텐츠도 하나씩 판매·대여하기는 하지만, 묶음(예를 들어 드라마 시리즈)으로 판매·대여하기도 하고, 일정 기간 동안 마음대로 소비할 수 있는 구독 서비스를 제공하는 등 여러 버전version과 번들bundle이 존재한다.

물론 이는 정보가 쪼개고 붙이기 쉽기 때문에 가능한 현상이지만, 그것이 다양한 버전과 번들을 만드는 근본적인 이유는 아니다. 왜 기업들은 정보재를 다양한 형태의 패키지로 제공하는 것일까? 이는 적절한 버전과 번들을 제공함으로써 고객의 다양한 욕구를 충족시키는 동시에 기업의 수익을 극대화할 수 있기 때문이다.

앞 쪽의 그래프를 보면 온라인 게임의 가격을 1만 원으로 하든, 2만 원으로 하든 간에 모두 2억 원의 수익revenue을 올릴 수 있다. 이때 물리적인 제품처럼 한계비용(변동비)이 0보다 큰 경우에는 가격을 2만 원으로 책정하는 것이 이익profit이 더 크므로 2만 원을 받는 것이 정답이다.

하지만 온라인 게임처럼 실질적인 한계비용이 0인 경우는 1만 원을 받든 2만 원을 받든 이익에 차이가 없으므로 어떤 가격을 받든 상관없다. 하지만 이러한 상황에서 좀 더 현명한 방법은 2만 원 이상을 지불할 의사가 있는 고객에게는 2만 원을 받고 1만 원 이상(2만 원 미만)을 지불할 의사가 있는 고객에게는 1만 원을 받음으로써 3억 원의 수익을 얻는 것이다.

물론 같은 제품의 가격을 다르게 받을 수는 없으므로 조건을 달리하여 다른 가격을 받아야 한다. 예를 들어 1만 원의 가치가 있다고 생각하는 고객은 게임을 가볍게 즐기는 층이고 2만 원 이상의 가치가 있다고 생각하는 고객은 게임에 목숨을 건 층이라고 한다면, 1만 원짜리는 게임 시간을 월 100시간 미만으로, 2만 원짜리는 무제한으로 게임을 즐길 수 있도록 제품을 차별화함으로써 수익을 극대화할 수 있는 것이다.

이러한 방법을 '가격 차별화price discrimination'라 하는데, 크게 개인화된 가격 결정, 그룹 가격 결정, 버저닝 등 세 가지 유형이 있다.[1] 하나씩 살펴보면서 공짜 세상에서 수익을 극대화할 수 있는 여러 전략을 함께 고민해 보자.

개인화된 가격 결정
(Personalized Pricing)

용어 그대로 사람에 따라 값을 달리 받는 것이다. 예를 들어 〈정보의 4가지 특성〉에서 언급했던 마이크로소프트의 액세스를 (액세스가 필요 없는) 여러분에게는 공짜로 제공하고, 나에게는 100만 원을, 나의 데이터베이스 수업을 듣는 학생들에게는 10만 원을 받는 것이다. 즉 개인의 지불 의사만큼 값을 받는 것이다.

지불 의사만큼 차별화
이를 그래프로 표시하면, 기업은 수요곡선의 아래에 해당하는 면적만큼 수익을 얻을 수 있다. 앞서 든 온라인 게임의 예에서 언급한 1만 원과 2만 원은 개인화된 가격 중 하나가 된다. 이렇게 개인화된 가격을

---

1. Shapiro and Varian, *Information Rules*, Harvard Business School Press, 1999.

개인화된 가격 결정 (Personalized Pricing)

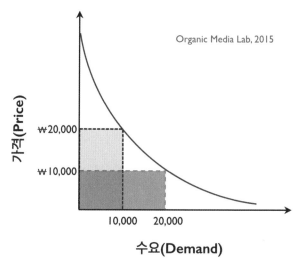

Organic Media Lab, 2015

개인화된 가격 결정: 사람마다 다른 가격을 받는 것이 수익을 최대화하는 방법이다.

책정하면 소비자가 자신의 지불 의사보다 적은 비용으로 재화를 구매할 때 생기는 이득인 소비자잉여consumer surplus를 기업이 모두 가져오게 되므로 기업 입장에서는 수익을 극대화할 수 있다.

하지만 문제는 같은 제품·서비스에 대해 사람마다 다른 가격을 받는 것은 현실적으로 매우 어렵다는 점이다. 어떤 방법으로 각 고객마다 지불 의사만큼 각각 다른 가격을 받을 수 있을까? 구글 등은 검색광고에서 이 문제를 경매 방식으로 해결했다.

구글의 경매 방식

예를 들어 다음 그림과 같이 '블루투스 스피커bluetooth speaker'라는 키워

구글 검색 결과 페이지에 게시된 광고는 경매 방식에 의해 노출 순서가 결정된다.

드로 검색을 한 경우를 보자. 검색 결과 페이지에서 오른쪽 가장 상단의 광고를 클릭할 경우 해당 광고주가 구글에 지불해야 할 금액(즉 Cost Per Click)은 상황에 따라 다르다.

해당 키워드를 각 광고주가 경매 방식으로 구매했기 때문이다. '블루투스 스피커'라는 키워드에 광고를 원하는 광고주가 경매에 참여하고 가장 높은 금액을 제시한 광고주의 광고부터 차례대로 보여주는 방식이다.

실제로는 광고의 품질, 랜딩 페이지landing page(클릭 시 이동하는 페이지)의 품질, 클릭률을 포함한 품질 점수와 제시한 금액 등이 모두 고려되지만 광고주마다 다른 가격을 지불한다는 사실은 변함이 없다. 따라서 광고주들은 자신의 광고가 클릭되었을 때 얻을 수 있는 가치만큼의 가격으로 경매에 참여하게 된다. 따라서 같은 키워드 광고라도 키워드에 따라 가격 차이가 상당히 난다(더 정확한 광고 과금 방식은 다음 글에서 이어진다). 결론적으로, 구글은 키워드 광고를 통해 개인화된 가격 결정을 바탕으로 엄청난 수익을 올리고 있다.

개인화된 가격 결정은 '완전 가격 차별화perfect price discrimination'라고도 하는데, 경매를 포함한 '동적 가격 결정dynamic pricing'이 가능한 분야에서는 가능하지만 현실적으로는 실행하기 어려운 방법이다. 이에 반해 그룹 가격 결정과 버저닝은 정보재의 가격 차별화에 매우 유용한 방법이다.

그룹 가격 결정
(Group Pricing)

학생 할인은 그룹 가격 결정의 대표적인 예다. 그룹 가격 결정은 고객을 여러 그룹(예를 들어 기업, 개인, 교육기관, 공공기관 등)으로 분류하고 그룹에 따라 같은 제품을 다른 가격에 판매하는 것이다. 위의 온라인 게임 예에서 학생들은 지불 의사가 낮으므로 1만 원으로, 직장인을 포함한 나머지 그룹은 2만 원으로 가격을 책정함으로써 수익을 극대화할 수 있다. 고객의 유형을 직접 나눈다는 점에서 이를 경제학에서는 '직접 가격 차별화'라고도 부른다.

왜 그룹 가격 결정이 필요한가?
이렇게 기업들이 제품의 가격을 고객 그룹에 따라 달리 책정하는 것

애플의 교육 할인 스토어: 학생과 교직원은 컴퓨터를 10% 정도 할인된 가격에 구매할 수 있다.

은 그룹마다 지불 의사에 큰 차이가 나기 때문이다. 이를 반영하여 가격을 정함으로써 수익을 극대화할 수 있다.

마이크로소프트의 '오피스365(오피스의 클라우드 서비스 버전)'는 교육기관, 중소기업, 대기업, 정부기관 등으로 그룹을 세분화하여 수익을 극대화한다. 예를 들어 기본 서비스의 경우 사용자당 가격을 교육기관은 무료, 중소기업과 대기업은 각각 5달러와 8달러, 정부기관은 6달러[2]로 차별화했다.

여기서 하나 주목할 점은 하드웨어를 판매하는 애플 같은 기업은 학생들에게 10% 안팎의 할인을 하는 데 비해, 마이크로소프트를 비롯한 많은 소프트웨어 업체들은 무료나 거의 무료에 가까운 가격에 학생들에게 소프트웨어를 판매한다는 것이다. 이는 정보재의 경우 한계비용이 0이기 때문에 가능하다.

그룹 가격 결정은 언제 효과적인가?

그룹 가격 결정은 첫째, 가격에 매우 민감한 고객층이 존재하거나 둘째, 네트워크 효과가 있는 경우, 그리고 셋째, 고착화lock-in 현상이 있는 경우 효과적인 방법이다.[3]

첫째, 학생은 가격에 매우 민감한 고객층이다. 특히 정보재의 경우 한계비용이 0이기 때문에 기존 가격에 비해 매우 저렴한 가격에 제공하더라도 이익을 추가할 수 있다. 매우 저렴한 대안이 없으면 학생들처럼 가격에 민감한 고객층은 불법 복제 등의 대안을 찾기 때문에 조금이라도 수익을 올릴 수 있는 방법이라고 생각할 수 있다.

둘째, 네트워크 효과는 정보재에 기반을 둔 제품·서비스에서 크게 나타날 수 있다. 네트워크 효과는 제품·서비스의 사용자 수가 많을수록 제품·서비스의 가치가 높아지는 현상이다(더 정확한 정의와 설명은 제4부에서 다뤘다). 예를 들어 온라인 게임의 가치는 게임 사용자의 수가 많을수록 높아진다.

---

2. http://office.microsoft.com/en-001/business/compare-all-office-365-for-business-plans-FX104051403.aspx.
3. Shapiro and Varian, *Information Rules*, Harvard Business School Press, 1999.

이렇게 네트워크 효과가 강한 경우 학생과 같은 일부 그룹에게 무료 또는 매우 저렴한 가격으로 제품·서비스를 제공함으로써 사용자 수를 확대하는 것이 다른 그룹의 지불 의사를 높일 수 있다.

셋째, 고착화 현상은 한 제품·서비스에서 다른 제품·서비스로 옮겨가는 비용이 높아 고객이 쉽게 떠나지 못하는 경우 발생한다. 예를 들어 아이폰을 쓰던 사람이 안드로이드폰으로 옮기는 것은 쉽지 않다. 그동안 사용법을 배우는 데 들인 노력, 애플리케이션과 액세서리에 투자한 비용 때문이다.

정보재의 경우 이러한 고착화 현상이 더욱 심하다. 고착화 현상이 심한 경우 학생들처럼 현재는 여력이 없지만 나중에 구매할 여력이 생기는 그룹에 무료 또는 거의 무료인 가격에 제품을 제공하여 장기적인 수익을 창출할 수 있다.

버저닝
(Versioning)

앞서 설명한 그룹 가격 결정이 고객의 유형에 따라 가격을 차별화하는 것이라면 버저닝은 기본적으로 제품의 유형version을 나누고 이에 따라 다른 가격에 판매하는 방법이다. 위의 온라인 게임의 예처럼 사용 시간 제약에 따라 1만 원짜리와 2만 원짜리 두 가지 제품으로 나눈 경우가 버저닝의 사례다. 대부분의 소프트웨어와 인터넷 서비스가 무료 버전과 유료 버전을 갖고 있는 것도 버저닝의 사례다.

제품의 유형과 가격 차별화

제품의 유형을 나누는 기준으로 가장 대표적인 속성은 '수량 할인 quantity discount'이다. 앞서 언급한 온라인 게임의 경우도 제품을 두 가지 유형으로 나누면서 수량 할인의 개념을 적용한 것이다. 이러한 기준으로는 수량뿐 아니라 품질, 기능, 용량 등 고객에게 가치를 추가할 수 있는 다양한 속성을 고려할 수 있다.

기업은 고객이 여러 버전 가운데 자신에게 가장 적합한 버전을 선택하게 함으로써 수익을 증가시킨다. 이렇게 고객이 버전을 선택하게 함으로써 고객의 유형을 나눈다는 점에서 이를 '간접 가격 차별화'라고도 한다.

Compare all Office 365 for business plans

	Small business		Midsize business	Enterprise			
See also Office 365 ProPlus Education plans Government plans FAQ Office for home	Office 365 Small Business	Office 365 Small Business Premium	Office 365 Midsize	Hosted email (Exchange Online Plan 1)	Office 365 Enterprise E1	Office 365 Enterprise E3	Office 365 Enterprise E4
	5,00 $ user/month	12,50 $ user/month	15,00 $ user/month	4,00 $ user/month	8,00 $ user/month	20,00 $ user/month	22,00 $ user/month
	annual payment			annual commitment			
Price does not include tax.	Buy now	Buy now	Buy now	Buy now	Buy now	Buy now	Buy now
		Free trial	Free trial			Free trial	
User maximum:	25 users	25 users	300	Unlimited	Unlimited	Unlimited	Unlimited
Office applications: Subscription to Office for up to 5 PCs/Macs per user.		Desktop versions of:	Desktop versions of:			Desktop versions of:	Desktop versions of:

마이크로소프트 오피스365의 다양한 버전: 각 그룹 내에서 여러 버전을 제공함으로써 그룹 가격 결정과 버저닝을 혼합한 형태다(출처: http://office.microsoft.com/en-001/business/compare-all-office-365-for-business-plans-FX104051403.aspx).

마이크로소프트의 오피스365는 위에서 언급한 각 고객 그룹에 적합한 여러 버전을 제공함으로써 수익을 극대화하고 있다. 많은 버전을 제공할수록 개인화된 가격 결정에 가까운 효과를 낼 수 있지만 너무 많은 버전은 고객에게 선택의 어려움을 주기 때문에 적절한 수의 버전을 제공해야 한다. 일례로 인터넷을 통해 실시간 TV 서비스를 제공하는 '에리오Aereo'는 5개의 버전을 두 버전으로 축소하여[4] 고객들이 쉽게 선택할 수 있게 했다.

이러한 버저닝은 정보재뿐 아니라 물리적인 제품에서도 많이 적용된다. 하지만 정보재의 경우는 큰 차이점이 있다. 정보재는 여러 버전이 존재한다 하더라도 각각 개발하는 데 비용이 추가로 들지 않는다. 예를 들어 앞의 온라인 게임은 두 가지 버전이 실질적으로는 같은 것이지만 시간 제약을 통해 나눈 것이다.

따라서 정보재의 버전은 실질적으로 같은 제품이라 할 수 있다. 그러므로 정보재의 버저닝은 물리적 제품의 버저닝보다 훨씬 큰 효과를 얻을 수 있다.

번들링과 가격 차별화

번들링은 버저닝의 일종으로 각각 판매할 수 있는 제품을 하나의 묶음으로 판매하는 것이다. 대표적인 예가 마이크로소프트의 오피스다.

---

4. Jordan Crook, "Aereo Switches Up Pricing: $8/Month For 20 Hours Of DVR, $12/Month For 60 Hours Starting May 15," *TechCrunch*, May 13, 2013, http://techcrunch.com/2013/05/13/aereo-switches-up-pricing-8month-for-20-hours-of-dvr-12month-for-60-hours-startingmay-15/.

번들링 (Bundiling)

Organic Media Lab, 2015

	Word	Excel
Cheolsoo	₩150,000	₩100,000
Younghee	₩100,000	₩150,000

번들링은 고객 간 지불 의사의 차이를 줄여 수익을 극대화할 수 있다.

오피스에는 워드, 엑셀, 파워포인트, 액세스 등의 소프트웨어가 포함되어 있다. 또 다른 예로는 넷플릭스의 DVD 구독subscription 서비스를 들 수 있다. DVD를 빌릴 때마다 대여료를 내는 것이 아니라 월정액을 내고 얼마든지 빌릴 수 있는 것도 번들링이라 할 수 있다.

번들링은 고객 간 지불 의사의 차이를 줄여 고객으로부터 더 많은 수익을 얻을 수 있는 방법이다.[5] 다음의 예를 살펴보자. 철수는 워드를 15만 원에 구매할 의사가 있고, 영희는 10만 원에 구매할 의사가 있다. 반대로 철수는 엑셀을 10만 원에 구매할 의사가 있고, 영희는 15만 원에 구매할 의사가 있다. 이러한 상황에서 수익을 최대화하기 위해 워드와 엑셀의 가격을 각각 얼마로 결정해야 하는가?

이 경우 두 소프트웨어 모두 10만 원에 판매하면 두 사람 모두 두 소프트웨어를 구입하고 마이크로소프트는 40만 원의 매출을 달성한

---

5. Yannis Bakos & Erik Brynjolfsson, "Bundling Information Goods: Pricing, Profits, and Efficiency," *Management Science*, Dec 1, 1999.

다. 그런데 두 소프트웨어를 하나의 묶음으로 판매하면 번들의 가격을 25만 원으로 책정할 수 있고, 두 사람 모두 번들을 구매하므로 50만 원의 매출을 달성할 수 있다.

이러한 결과를 얻을 수 있는 것은 번들링을 통해 고객들 간 지불 의사의 차이를 줄일 수 있기 때문이다. 위의 예에서는 번들의 경우 지불 의사의 차이가 0이고 각각의 소프트웨어의 경우는 5만 원이다. 지불 의사의 차이가 큰 경우에는 지불 의사가 적은 사람에게 맞춰 가격을 결정하게 되므로 수익이 줄어들 수밖에 없다.

물리적인 제품에 비해 지불 의사의 차이가 매우 큰 정보재를 거래하는 경우 버저닝과 번들링은 수익을 극대화할 수 있는 쉽고 유용한 방법이다. 적절한 버전과 번들을 제공함으로써 개별 가격 결정에 근접하는 경제적 효과를 얻을 수도 있다.

지금까지 세 가지 가격 차별화 방법에 대해 설명하고, 다양한 버전과 번들이 존재하는 이유에 대해 경제학적 관점에서 살펴보았다. 결론적으로 버저닝과 번들링은 개인화된 가격 결정이 어려운 현실에서 수익을 극대화하는 방법이라 할 수 있다.

하지만 버전과 번들을 경제학적인 관점으로만 이해해서는 제대로 된 버저닝과 번들링 의사 결정을 내리기 어렵다. 버저닝과 번들링을 행동경제학적·심리학적 관점에서도 고려해야 하지만 이 글에서는 '정보재'의 특성에 집중해서 살펴보았음을 일러둔다.

04 공짜에서 유료로
From Free to Paid

대부분의 기업이 공짜를 기반으로 규모(예를 들어 방문자 수, 페이지뷰)를 달성하면 돈이 따라올 것이라고 생각한다. 하지만 현실은 그렇게 간단하지 않다. 기업의 관점에서 보면 분명히 돈을 받을 가치가 있다고 생각하는 제품·서비스에도 고객들은 지갑을 열지 않는다. 이 글에서는 공짜에 기반을 둔 서비스를 어떻게 돈 버는 서비스로 만들 것인지에 대해 살펴본다.

공짜를 기반으로 얻은
규모로는 충분하지 않다

일반적으로 기업이 공짜를 제공하는 목적과 돈을 버는 방법은 다음과 같다.

첫째, 많은 방문자를 모은다. 이 경우 서비스 모델은 대부분 콘텐츠이고 수익 모델은 광고다. 무료 서비스를 제공함으로써 많은 트래픽이 발생하고 이를 광고 수입으로 연결하는 것이다. 언론사, 구글, 유튜브, 피키캐스트 등이 여기에 해당한다.

둘째, 제품·서비스를 체험하게 한다. 공짜로 제품·서비스를 체험하게 한 뒤 이를 구매하도록 한다. 비용을 들이지 않고 제품을 알리는 방법으로 유료 광고에 비해 비용 대비 효과가 훨씬 클 수 있다. 이 경우 대부분 서비스 모델과 수익 모델이 일치한다. 넷플릭스(무료 체험), 에버노트(freemium), 알집(그룹 가격 결정) 등이 여기에 해당한다.

셋째, 플랫폼을 깐다. 공짜로 기기(스마트폰, 태블릿)나 플랫폼(게임, 운영 체계)을 배포하고 이를 사용할 때 필요한 보완재에 돈을 쓰게 만드는 방법이다. 아마존이 '파이어Fire 태블릿'을 원가에 판매하는 것은 이를 사용하면서 소비하는 콘텐츠 등을 판매하기 위해서다. 수많은 게임이 부분 유료화를 통해(즉 아이템을 팔아서) 돈을 벌고 있는 것도 여기에 해당한다.

넷째, 네트워크 효과를 달성한다. 일정 규모가 되어야 제품·서비스에 가치가 생기는 경우로 수익 모델은 대부분 광고다. 페이스북, 카카오톡 등이 여기에 해당한다.

하지만 어렵게 많은 방문자를 모아도, 체험을 시켜도, 플랫폼을 깔아도, 네트워크 효과를 달성해도 돈이 벌리지 않는 것이 현실이다. 왜 그럴까?

안타깝게도 우리는 공짜가 넘치는 풍요로운 세상에서 살고 있다.

고객은 넘쳐나는 것에는 더 이상 돈을 지불하지 않는다. 희소한 것, 귀한 것, 유일한 것에만 지갑을 연다. 그럼 연결된 세상에서는 어떤 것들이 희소한 가치일까?

희소한 가치를 만들어야 한다

고객의 관심이 희소한 것임에는 틀림없지만 고객의 관심만으로는 돈을 벌기에 부족하다. 모든 언론 매체들이 독자의 눈길을 끌기 위해 다양한 전략과 전술을 펼치지만 별 효과를 보지 못하는 것이 현실이다. 독자들이 기사에는 눈길을 줄지 모르지만 언론 매체의 수익 모델인 광고에는 눈길을 주지 않기 때문이다. '뉴스코프' 같은 미디어 그룹의 매출이 지속적으로 하락하는[1] 것은 이를 잘 대변해 준다. 그렇다면 고객들이 돈을 낼 만한 가치가 있는 희소한 것은 무엇일까?

첫째, 고객의 평판reputation이다. 고객들에게 넘버원이 아니라 온리원이라는 평판을 얻어야 한다. 둘째, 고객의 충성stickiness이다. 기업이 붙드는 것이 아니라 고객이 스스로 기쁜 마음으로 머물러야 한다. 셋째, 고객의 정보information다. 더 정확히는 고객의 프로파일(나이, 지역 등)이 아니라 고객의 문제를 해결하는 데 도움이 되는 정보다.

---

1. Meenal Vamburkar, "Murdoch's News Corp. Trails Estimates as Ad Sales Drop," *Bloomberg Business*, May 6, 2015, http://www.bloomberg.com/news/articles/2015-05-05/murdoch-snews-corp-trails-earnings-estimates-as-sales-decline.

공짜에서 유료로 (From Free to Paid)

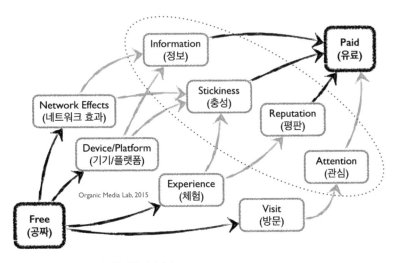

공짜에서 유료로 가는 길은 험난한 여정이다.

평판, 충성, 정보는 어떻게 보면 차례대로 쌓아 가는 것이라 생각할 수도 있다. 평판 없이 충성스러운 고객이 있을 수 없고, 충성스러운 고객이 있어야 그들의 행위를 기반으로 진정으로 도움이 되는 정보를 쌓을 수 있기 때문이다. 관심도 중요하지만 그것 자체가 목표가 되면 나머지 희소한 가치를 얻는 것은 영원히 불가능하다.

고객의 평판

대체 가능한 제품·서비스로는 평판을 얻기 어렵다. 예를 들어 같은 기사를 찍어 내는 신문사 가운데 트래픽에서 1등이라는 사실은 평판을 얻기도 어렵거니와 유료화를 성공시키기는 더욱 어렵다. 고객으로

부터 넘버원이 아니라 온리원이라는 평판을 얻어야 한다.

앞에서 잠시 언급한 무료 파일 압축 프로그램인 알집이 성공적으로 유료화할 수 있었던 이유는 공짜 제품으로 소비자 시장을 장악할 수 있었고, 여기에서 쌓인 평판을 기반으로 기업 시장에 진입했기 때문이다. 만약 알집이 평판 없이 처음부터 기업 시장에 유료 제품으로 진입했다면 실패했을 가능성이 매우 높다.

오가닉미디어랩이 이 책(전자책과 웹북)을 포함하여 많은 콘텐츠를 공짜로 공유하는 이유는 무엇일까? 많은 방문객을 확보하는 것일까? 물론 결과적으로 방문객 수와 페이지뷰가 늘 수는 있겠지만 그것이 목적은 아니다.

독자들이 오가닉미디어랩의 콘텐츠를 쉽게 경험하도록 하고, 이러한 콘텐츠를 얻을 수 있는 곳은 오가닉미디어랩밖에 없다는 평판을 얻는 것이 목적이다. 평판은 독자들이 결정한다. 이렇게 평판을 기반으로 돈을 버는 것은 방문객 수를 기반으로 돈을 버는 것보다 훨씬 수월하다. 물론 결과는 두고 봐야겠지만 지금까지는 매우 순조롭게 진행되고 있다.

고객의 충성

고객은 더 이상 억지로 붙들 수 없다. 과거에는 사업자들이 장기 계약, 해지 위약금 등으로 고객이 빠져나가지 못하도록 '가두는lock-in 전략'을 사용하기도 했으나 이제는 너무나 많은 대안이 존재하고 옮기는 것도 쉽다. 고객이 스스로 기쁜 마음으로 머물 수 있도록 해야 한다.

넷플릭스는 월정액를 내고 무제한으로 영화(DVD)를 빌려 보거나 동영상(VOD)을 시청할 수 있는 서비스다. 첫 한 달은 공짜로 체험할 수 있다. 한 달을 경험한 뒤 고객이 떠나느냐 머무느냐는 비즈니스의 성패를 좌우하는 핵심적인 문제다. 초기에는 탈퇴하기 어렵도록 만들었으나 진정으로 만족스러운 서비스를 제공한다면 고객이 떠나지 않을 것이라는 믿음을 가지고 가입하는 것보다 탈퇴하는 것이 훨씬 쉽게 만들었다.[2]

2015년 현재 넷플릭스의 (유료) 회원은 전 세계적으로 6500만 명에 달하며,[3] 무서운 속도로 성장하고 있다. 넷플릭스의 오래된 고객으로서 충분히 이해가 가는 일이다.

우버는 무료 쿠폰 등 다양한 형태로 서비스를 체험할 수 있도록 한다. 한번 우버의 완벽한 서비스를 경험한 고객은 스스로가 영업사원이 될 정도로[4] 우버의 충성스러운 고객이 된다.

에버노트나 드롭박스Dropbox는 공짜로도 계속 사용할 수 있지만 고객의 삶과 일에 없어서는 안 될 서비스가 되면서 유료 버전을 구매하는 것이 아깝지 않도록 만든다. 공짜 체험이 고객을 머무르게 하고 그들의 삶이나 일에 깊숙이 파고들 수 없다면 돈을 버는 것은 잊어야 한다.

2. Gina Keating, *Netflixed*, Portfolio/Penguin, 2012.
3. Jeff John Roberts, "Netflix streams its way to another blockbuster quarter, share price soars," *Fortune*, Jul 15, 2015, http://fortune.com/2015/07/15/netflix-q2-earnings-2015/.
4. 윤지영, 〈경험이 광고다: "아뇨, 우버를 불렀어요"〉, 오가닉미디어랩, 2015년 7월 2일, http://organicmedialab.com/2015/07/02/evolution-of-advertising-experience-isadvertisement/.

고객의 정보

이렇게 스스로 영업사원이 될 정도로 충성도가 쌓이고 경험이 계속되면 고객에 대한 정보도 쌓인다. 이것은 고객의 컨텍스트를 파악하는 데 활용될 수 있다. 이때 고객의 정보는 강남에 거주하는 30대 남자와 같은 프로파일 정보가 아니다. 고객의 의도·행위를 파악하고 이를 도울 수 있는 정보를 말한다. 고객의 행위에 기초하여 오랜 기간 쌓인 정보다.

넷플릭스의 '시네매치cinematch'[5]처럼 고객이 좋아한 영화를 기반으로 볼 만한 영화를 추천할 수 있는 네트워크를 자산으로 쌓아야 한다. 시네매치는 잘 알려져 있지는 않지만 고객이 좋아할 만한 영화를 연결함으로써, 즉 고객에게 다음에 볼 영화를 광고함으로써 넷플릭스에 더 머무를 이유를 만든다.

아마존의 '이 상품을 구매한 사람이 구매한 다른 상품'은 최고의 광고다. 책의 경우 이러한 추천에서 제외되면 보통 매출의 최대 40%까지 떨어진다고 한다.[6] 매장 내에서 할인 행사를 하거나 쿠폰을 발행하거나 스팸을 날리는 것과는 비교할 수 없는 최적의 광고. 이러한 광고 즉 연결이 가능한 것은 고객의 행위가 정보가 되기 때문이다.

우버는 고객의 탑승trip 정보를 기반으로 운전자에게 수익을 최적화할 수 있는 장소(탑승객이 있는 곳)[7] 등을 추천함으로써 탑승객과 운전자

---

5. Clive Thompson, "If You Liked This, You're Sure to Love That," *New York Times*, Nov 23, 2008, http://www.nytimes.com/2008/11/23/magazine/23Netflix-t.html.
6. Brad Stone, *Everything Store*, Little, Brown and Company, 2013.

에게 더 좋은 경험을 제공한다. 고객의 정보를 중심으로 한 더욱 유용한 정보(광고)는 고객의 경험을 한 차원 더 높이고 고객의 지갑을 열게 할 가능성을 더욱 높인다.

구글은 이와 같이 고객의 평판, 충성, 정보를 얻어서 공짜에서 유료 모델을 달성한 대표적 사례다. 구글이 고객에게 어떤 희소한 가치를 제공하고 어떻게 돈을 벌고 있는지, 212쪽의 그림에서 표현한 공짜에서 유료로 가는 '험난한 여정'을 상세하게 알아보자.

구글은 어떻게
공짜로 돈을 벌고 있는가?

구글은 검색, 이메일, 지도, 스마트폰 운영체제(안드로이드) 등 수많은 서비스와 제품을 가지고 있지만 실제로 매출의 대부분은 광고가 차지한다. 2014년 매출 660억 달러 중 약 600억 달러가 광고[8] 매출이다. 구글이 어떻게 공짜 검색 서비스를 기반으로 성공적인 수익 모델을 만들었는지 하나하나 살펴보자.

구글은 온리원이다

구글은 이전의 검색 엔진과는 완전히 다른 서비스다. 이전의 검색 엔

---

7. Alex Woodie, "How Uber Uses Spark and Hadoop to Optimize Customer Experience," *Datanami*, Oct 5, 2015, http://www.datanami.com/2015/10/05/how-uber-uses-spark-and-hadoop-to-optimizecustomer-experience/.
8. https://investor.google.com/financial/tables.html.

진은 검색 키워드의 개수로 웹페이지의 중요도(검색 결과에서 노출되는 순서)를 결정했다.

이러한 방식은 누구나 웹페이지를 올릴 수 있는 상황에서 중요도를 조작하는 것이 너무 쉬웠다. 예를 들어, 블루투스 스피커를 검색하는 사람이 많다고 하면 블루투스 스피커와 관련이 없는 광고라 할지라도 그 페이지에 블루투스 스피커라는 키워드를 여러 번 입력하여 검색 결과의 상위에 노출되도록 할 수 있었다.

하지만 구글은 '페이지 랭크'라는 알고리즘을 이용해 스팸의 가능성을 획기적으로 줄였다. 아주 간단히 설명하자면 페이지 랭크는 하나의 페이지(A)를 참조하는 페이지(B)가 많을수록, 참조하는 페이지(B)의 중요도가 높을수록 페이지(A)의 중요도가 올라가는 방식이다. 이는 하이퍼링크를 거는 행위를 투표하는 것으로 간주하는 것이다. 다만 중요도가 높은 페이지의 한 표가 중요도가 낮은 페이지의 한 표보다 더 큰 영향을 미치도록 했다.

이렇게 페이지의 중요도를 웹페이지의 연결 구조(네트워크 구조)에 기반하여 결정하는 방식은 구글이 검색 엔진 중 하나가 아니라 유일한 서비스로 자리 잡게 하는 데 지대한 공헌을 했다.

고객이 구글에 머무는 시간을 줄인다

야후, 네이버가 다양한 볼거리를 제공하여 사용자들이 서비스 내에 머물도록 했다면, 구글은 사용자가 찾는 가장 적합한 인터넷상의 콘텐츠를 사용자에게 연결해 주는 것이 목표였다. 따라서 구글은 사용자가 검색 결과를 클릭한 뒤 바로 돌아오지 않도록 하는 것long click을 주요 지표로 삼았다. 검색 결과를 클릭한 뒤 사용자가 바로 돌아온다면short click 원하는 것을 아직 찾지 못했기 때문인 것이다.[9]

즉 구글은 콘텐츠를 확보하는 데 투자하기보다는 검색 결과의 질을 향상시키기 위해 엄청난 투자를 했고, 그 결과 2014년 기준 전 세계 검색 점유율 70%[10]에 달하는 독보적인 지위를 차지하게 되었다(참고로 야후의 2014년 기준 검색 점유율과 매출은 구글의 10분의 1에도 미치지 못했다[11]). 물론 모바일 시장의 확대와 페이스북의 성장이 위협 요소가 될 수는 있겠지만 당분간 그 지위가 여간해서는 흔들리지 않을 것이다.

우리가 무엇을 찾고 있는지 알고 있다

구글은 자연스럽게 우리가 무엇을 원하는지 알 수밖에 없다. 우리가 (검색 키워드를 입력하여) 알려주기 때문이다. 물론 구글은 수많은 검색 기록을 바탕으로 더욱더 정확하게 우리가 원하는 것을 알기 위해 노력하고 있다. 이러한 상황에서 여러분이 찾는 것이 상거래와 관련된 것이라면 광고는 정보가 될 수밖에 없다. 구글은 이러한 컨텍스트를 최대한 활용하는 광고 모델을 만들었다.

9. Steven Levy, *In The Plex*, Simon & Schuster, 2011.
10. Konrad Krawczyk, "Google is easily the most popular search engine, but have you heard who's in second?," *Digital Trends*, July 3, 2014, http://www.digitaltrends.com/web/googlebaidu-are-the-worlds-most-popular-search-engines/.
11. https://investor.yahoo.net/releasedetail.cfm?releaseid=893145.

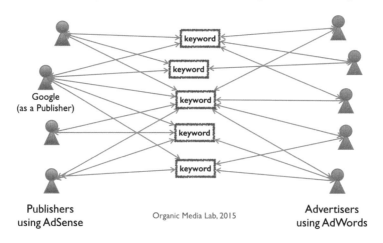

구글은 광고 네트워크다
(Google as an Advertising Network)

Google
(as a Publisher)

keyword
keyword
keyword
keyword
keyword

Publishers
using AdSense

Organic Media Lab, 2015

Advertisers
using AdWords

구글의 수익 모델은 광고주와 매체 간의 키워드 거래를 매개하는 것이다.

키워드를 판다

현재 구글의 광고 모델은 광고주를 위한 애드워즈, 광고를 게재하고자
하는 매체를 위한 애드센스로 이루어져 있다. 이를 네트워크로 표현
하면 위의 그림과 같다.

초기에는 구글 검색 서비스(Google as a Publisher)에 검색 키워드 광고
를 가능케 하는 애드워즈 프로그램으로 시작했으나, 애드센스 프로그
램을 도입하며 광고 매체를 확대하여 현재의 구글 광고 비즈니스 네트
워크(Google as an Advertising Network)로 진화했다.

그러면 구글의 대표적인 광고 모델인 검색 키워드 광고에 대해 자세

구글 검색 결과 페이지에 게시되는 광고의 순서는 광고주가 제시한 광고 단가를 포함하여 구글의 예상 수익을 극대화하도록 정해진다.

히 알아보자. 예를 들어 '블루투스 스피커bluetooth speaker'라고 검색하면 위의 그림과 같이 검색 결과의 오른쪽 영역에 광고가 나온다(때에 따라 검색 결과 영역의 첫 부분에 나오기도 한다). 이때 이 광고를 사용자가 클릭하면 광고주가 광고비를 구글에 지불하는 방식이다. 이렇게 광고를 클릭했을 경우에만 광고비를 지불하는 방식을 CPC(cost per click) 광고라 하는데, 구글 매출의 대부분이 이러한 방식의 광고다.

앞선 글에서 설명한 대로, 구글의 경우 한 번 클릭했을 때 지불하는 광고 단가, 즉 CPC는 애드워즈 프로그램을 통해 경매로 결정된다. 즉 광고주들이 자신이 관심을 가지고 있는 키워드에 대해 지불할 금액을 입찰하는 방식이다. 따라서 키워드에 따라 CPC가 적게는 1달러를 밑돌기도 하고, 많게는 50달러를 웃돌기도 한다.[12] 구글의 평균 CPC를 2달러[13]라고 가정한다면 600억 달러를 벌기 위해서는 연간 300억 번의 광고 클릭이 필요한 것이다.

검색 결과에 노출된 광고의 클릭률click through rate, CTR은 구글의 매출에 매우 중요한 역할을 한다. 구글 검색 광고의 평균 클릭률average CTR은 2% 정도로[14] 알려져 있는데, 이는 페이스북과 같은 소셜 미디어에 비교해 볼 때 20~50배 수준이다.[15] 이렇게 높은 클릭률을 유지할 수 있는 것은 무엇인가를 사기 위해 검색하는 많은 사용자에게는 광고가 정보가 되기 때문이다.

구글은 클릭률을 높이기 위해 광고의 랜딩 페이지가 사용자에게 유용한 정보가 되도록 광고주에게 인센티브를 제공한다. 예를 들어, 페이지의 내용이 키워드에 적합하고, '롱 클릭'인 경우 적은 금액(CPC)으로도 광고가 상위에 노출되도록 한다. 따라서 광고주는 키워드, 검색 광고 문구, 랜딩 페이지 내용이 잘 맞도록 하게 되고, 이는 사용자

12. Larry Kim, "How Does Google Make Money? The Most Expensive Keywords in AdWords," *WordStream*, Jul 18, 2011, http://www.wordstream.com/blog/ws/2011/07/18/mostexpensive-google-adwords-keywords.
13. Dan Shewan, "How Much Does Google AdWords Cost?," *WordStream*, May 21, 2015, http://www.wordstream.com/blog/ws/2015/05/21/how-much-does-adwords-cost.
14. Elisa Gabbert, "What's a Good Click-Through Rate For ...," *WordStream*, Nov 22, 2010, http://www.wordstream.com/blog/ws/2010/11/22/what-is-a-good-click-through-rate-for.
15. Brittany Darwell, "Survey suggests Facebook advertising benchmarks: $0.80 CPC, 0.041percent CTR," *Social Times*, Apr 4, 2012, http://www.adweek.com/socialtimes/surveysuggests-facebook-advertising-benchmarks-0-80-cpc-0-014-percent-ctr.

에게 더 좋은 정보를 제공하게 됨으로써 클릭률을 높이는 선순환을 가져온다.[16]

어림잡아 계산을 해보면[17] 구글이 돈을 버는 방식은 다음과 같다. 구글은 연간 1조 회가 훨씬 넘는 검색을 공짜로 제공한다. 이 중 광고가 클릭된 300억 개의 검색에 대해 광고주에게서 2000원을 받아 60조가 넘는 돈을 버는 것이다. 구글은 이렇게 티끌 모아 태산을 만들었다.

결론

오가닉 비즈니스에서 돈을 버는 것은 험난한 여정이다. 가치 있는 제품·서비스(네트워크)를 만드는 것도 어렵지만 이를 기반으로 돈을 버는 것도 어렵다. 고객은 아무리 가치 있어도 넘쳐나는 것에는 더 이상 돈을 내지 않기 때문이다.

고객의 관심을 끌고, 평판을 얻고, 충성을 확보하고, 정보를 수집하여 그 누구도 제공할 수 없는 유일한 것을 파는 것도 말처럼 쉽지만은 않다. 하지만 오가닉 비즈니스의 본질을 이해하고 이를 하나씩 실천해 가다 보면 마치 작은 씨앗 하나가 자라 열매를 맺듯이 큰 열매를 맺을 것이라 확신한다.

---

16. Steven Levy, *In The Plex*, Simon & Schuster, 2011.
17. 조금 더 정확하게 추정하자면 광고의 '커버리지 비율(coverage rate)', 즉 광고가 달린 키워드의 비율을 고려해야 하나 논리의 전개에는 큰 지장이 없어 제외했다.

금융, 네트워크가 되다

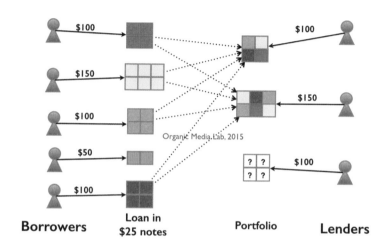

Business Model of Lending Club

Organic Media Lab, 2015

Borrowers   Loan in $25 notes   Portfolio   Lenders

제6부는 오가닉 비즈니스의 관점에서 금융시장을 해석하는 데 할애했다.

연결된 세상에서는 모든 것이 투명해지고 수요와 공급의 연결이 즉각적이다. 가장 직접적인 영향을 받을 분야 중 하나가 금융이다. 규제를 통해 일시적으로 그 변화를 막을 수는 있다. 그러나 금융이 왜, 어떻게 살아 있는 네트워크로 진화하고 있는지 이해한다면 규제와 권력을 기반으로 했던 금융의 법칙이 더 이상 통하지 않게 된다는 것을 알게 될 것이다.

우선, 유행어가 된 '핀테크'의 본질을 다루었다. 이것은 기술 혁명이 아니다. 네트워크 혁명이며 따라서 금융기관의 존폐와 관련된 혁명이다.

핀테크의 현상과 개념을 네트워크 관점에서 살펴본 뒤, 비트코인의 사례 연구를 통해 '금융 서비스의 네트워크화'가 무엇을 의미하는지, 즉 네트워크의 작동 원리와 구조를 이해하는 시간을 갖는다.

01

핀테크, 왜 기술 혁명이 아니라 금융시장의 해체인가?

Fintech is Financial Network Revolution

핀테크에 대한 관심이 금융기관에서부터 금융 당국, 벤처에 이르기까지 최고조에 달하고 있다. 하지만 핀테크의 정의가 제각기 다른 것도 현실이다. 답하는 사람에 따라 인터넷 은행이, 애플페이Applepay·알리페이Alipay 등 결제 서비스가, 비트코인Bitcoin이 핀테크라고 답한다. 이런 상황에서 하나의 방향성을 논하기는 쉽지 않지만 반드시 필요한 과정이다.

핀테크의 본질은 과연 무엇인가? '핀테크'라는 유행어에 가까운 용어가 다소 불편하지만 '금융 서비스의 미래'라는 관점에서 현상에 대한 정확한 이해가 무엇보다 필요하다. 이 글에서는 핀테크가 왜 단순한 기술 혁신을 넘어서는지, 금융 서비스의 네트워크화란 무엇을 의미하는지 살펴보도록 하겠다.

금융거래는
정보다

마크 앤드리슨은 2014년 10월 〈블룸버그 비즈니스〉와의 인터뷰[1]에서 금융 산업에 대해 다음과 같이 이야기한 바 있다. 그는 넷스케이프 내비게이터Netscape Navigator를 개발했고, 그 후 벤처 투자자로서 페이스북, 트위터, 에어비앤비 등 세상을 바꾸어 놓은 기업에 초기 투자를 했다.

"금융거래는 숫자일 뿐입니다. 정보에 불과하지요. 예를 들어 온라인 결제에는 10만 명의 사람, 뉴욕 맨해튼의 빌딩, 1970년대에 시작된 메인 프레임 기반의 거대한 데이터 센터가 필요 없습니다. (… 오늘날의 새로운 현상들은) 제게는 은행의 해체unbundling를 의미합니다."

금융거래가 음악, 영화, 책과 같은 정보라는 것은 어떤 의미를 가지는가? 아이튠즈가 음악을, 넷플릭스가 영화를, 아마존이 출판 산업을 해체한 것과 같다. 금융 산업에도 그와 같은 거대한 파도가 밀려오고 있다는 것을 의미한다. 규제가 상대적으로 심한 금융 산업의 특성상 조금 늦춰진 것일 뿐 더 이상 피할 수 없는 현상이다.

1. Anthony Effinger, "Andreessen on Finance: 'We Can Reinvent the Entire Thing'," *Bloomberg Business*, Oct 7, 2014, http://www.bloomberg.com/news/articles/2014-10-07/andreessenon-finance-we-can-reinvent-the-entire-thing-.

핀테크는
금융의 네트워크화다

그렇다면 핀테크를 어떻게 정의할 것인가? 단순히 금융finance과 기술 technology의 합성어인가? 물론 이런 관점도 틀린 것은 아니다. 모바일 인터넷, 빅데이터 등의 정보기술을 기존의 금융 시스템에 접목하여 더욱 효율적으로, 사용하기 쉽고 편리하게 만드는 데 주목한 것이다.

　미국의 유명 비즈니스 스쿨인 와튼의 핀테크 클럽[2]은 핀테크를 "기술을 이용히여 금융 시스템을 더욱 효율직으로 만드는 기업들로 이루어진 산업an economic industry composed of companies that use technology to make financial systems more efficient"으로 정의하고, 핀테크 기업의 예로 킥스타터Kick Starter(크라우드 펀딩), 렌딩클럽(P2P 대출), 웰스프론트Wealthfront(알고리즘 기반 자산 관리), 줌Xoom(결제), 코인베이스Coinbase(비트코인 기반 결제) 등을 들었다. 이처럼 매우 다양한 분야 기업들의 공통점을 금융 시스템과 금융 산업을 더 효율적으로 만드는 데서 찾고 있는 것이다.

　그러나 핀테크는 단순히 기술 혁명이 아니라 폭넓게는 정보 혁명, 더 나아가 네트워크 혁명을 의미한다. 그렇다면 핀테크란 "정보기술을 이용하여 금융 서비스, 더 나아가 금융 산업을 해체하고 금융 서비스를 네트워크화하는 것"을 의미한다. 이를 통해 더욱 저렴하고, 안전하고, 편리한 서비스를 제공하는 것이다. 이 정의는 기존 시스템의 효율

---

2. Daniel McAuley, "What is FinTech?," *Wharton Fintech*, Sep 4, 2014, http://www.whartonfintech.org/blog/what-is-fintech/.

성을 강조하기보다는 새로운 네트워크를 기반으로 한 가치 창출과 효율성의 극대화에 초점을 맞추고 있다.

연결을 기반으로 한
금융거래 네트워크 현상

모든 것이 투명해지고[3] 수요와 공급의 연결이 즉각적인 세상에서는 이미 새로운 형태의 금융 비즈니스 모델도 지속적으로 등장하고 있다.

1) 트랜스퍼와이즈

핀테크의 대표적인 사례로 자주 언급되는 트랜스퍼와이즈TransferWise의 비즈니스 모델을 살펴보자. 심하게 이야기하면 트랜스퍼와이즈는 환치기에 기반을 둔 외환 거래 네트워크다. 예전에는 외환으로 환전하려는 사람들과 내국환으로 환전하려는 사람들을 쉽게 연결해 줄 수 있는 방법이 없었지만, 이제는 외환의 수요와 공급을 실시간으로 연결하여 쉽게 환치기를 할 수 있게 된 것이다.[여기서 법적 이슈는 다루지 않는다. 참고로 트랜스퍼와이즈의 경우 영국에서 합법적으로 운영되고 있으며,[4] 최대 100만 파운드까지 외화 송금을 할 수 있다. 저렴한 수수료(0.5%)를 무기로 2015년 1월 현재 총 30억 파운드가 송금되었고 송금 규모는 매월16~20% 성장하고 있다.[5]]

3. 윤지영, 〈어디까지 보여줄 것인가?〉, 《오가닉 미디어》, 21세기북스, 2014.
4. http://transferwise.com/blog/2012-02/financial-services-authority-approves-transferwisewithout-limits/

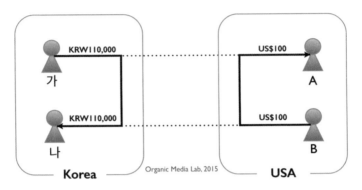

Business Model of TransferWise

KRW110,000 가 — KRW110,000 나 — **Korea** — Organic Media Lab, 2015 — US$100 A — US$100 B — **USA**

트랜스퍼와이즈는 이른바 '환치기' 네트워크다. 한국의 '가'라는 사람이 미국의 'A'라는 사람에게 100달러를 보내야 하고 미국의 'B'가 한국의 '나'에게 100달러를 보내야 하는 상황이라면, 트랜스퍼 와이즈는 한국의 '가'로 부터 받은 11만 원을 '나'에게 보내주고, 미국의 'B'에게서 받은 100달러를 'A' 에게 보내 필요한 거래를 성사시킨다.

2) 렌딩클럽

이런 네트워크는 외환 거래뿐 아니라 대출, 결제, 펀딩 등에서도 나타 나고 있다. 대출의 이베이Ebay for Money로 불리는 렌딩클럽[6]의 경우는 사 채 네트워크라 할 수 있다. 누구든 적은 돈을 빌리고 빌려 줄 수 있다.

5. Oscar Williams-Grut, "TransferWise valued at $1bn by top Silicon Valley venture capital fund," *Independent*, Jan 26, 2015, http://www.independent.co.uk/news/business/news/transferwise-valued-at-1bn-by-top-silicon-valley-venture-capital-fund-10002618.html.
6. Charles Enser, "An eBay For Money: What You Need To Know About Lending Club's IPO," *Benzinga*, Dec 10, 2014, http://www.benzinga.com/news/14/12/5070975/an-ebay-formoney-what-you-need-to-know-about-lending-clubs-ipo.

Business Model of Lending Club

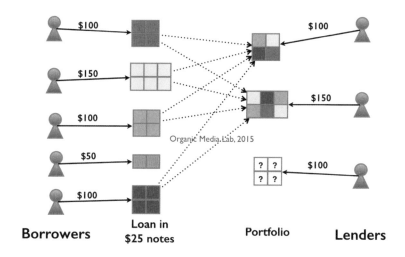

렌딩클럽의 경우 채무자의 대출은 25달러 단위의 채권(note)으로 발행되고, 투자자는 이 25달러 단위의 채권을 구입해 포트폴리오를 구성한다(이해의 편의를 위해 중간 과정은 생략했다). 적게는 수백 명, 많게는 수천 명(채권)에게 분산투자를 하는 것이 보편화되면서 투자자 개인이 관리하기 어려운 상황이 되었다.

과거와는 달리 일정 규모의 네트워크가 형성되면서 돈을 빌리는 사람도 여러 사람에게 적은 금액 단위(25달러 단위)로 빌리고, 빌려 주는 사람도 여러 사람에게 나눠서 빌려 준다.(실제로 렌딩클럽은 채무불이행의 위험을 줄이기 위해 100명 이상에게 분산투자를 권유하고 있다.[7])

---

7. http://www.lendingclub.com/public/diversification.action.

3) 비트코인

그뿐 아니라 비트코인은 참여자의 연결에 기반을 둔 완전히 새로운 개념의 화폐·결제 네트워크라 할 수 있다. 즉 완전히 분산·분권화된 비트코인에서는 결제의 중심이 되는 은행이 존재하지 않고 모든 참여자의 네트워크가 은행을 대체하는 것이다.[8] 이러한 사례들이 바로 네트워크 혁명 관점에서 핀테크를 이해해야 하는 이유다.

연결(의 흔적)과 연산을 기반으로 한 새로운 가치

이제 우리의 모든 행위(예를 들어 친구 맺기)는 연결(예를 들어 친구 관계)을 낳고 이는 흔적(데이터)을 남긴다. 즉 우리가 알게 모르게 남긴 수많은 흔적(데이터)으로부터 새로운 가치를[9] 만들어 낼 수 있다.

렌딩클럽의 경우 신용등급을 산정할 때 전통적인 신용 데이터에만 의존하지 않는다. 인터넷상의 데이터(예를 들어 소셜 네트워크 활동, 리뷰, 검색 추이 등)를 활용하여[10] 신용등급을 조정함으로써 투자 위험을 낮춘다.

---

8. 윤지영, 〈비트코인, 우리가 은행이다〉, 오가닉미디어랩, 2014년 2월 22일, http://organicmedialab.com/2014/02/22/we-are-a-bank-in-bitcoin/.

9. 윤지영, 〈연결의 6하원칙과 IoT 네트워크〉, 오가닉미디어랩, 2014년 12월 29일, http://organicmedialab.com/2014/12/29/5w1h-of-connection-and-iot-network/.

10. "A (French) Revolution in the U.S. Banking System", *HEC*, Jan-Feb 2015, https://resources.lendingclub.com/news/LendingClub-HEC-Fev2015.pdf.

이러한 데이터의 연산을 기반으로 한 가치 창출은 신용등급 산정뿐 아니라 투자, 펀드와 같은 분야에서도 나타나고 있다. 예를 들어 웰스프론트는 소프트웨어만을 기반으로 매우 저렴하고 안정적인 펀드 관리 서비스를[11] 제공하고 있으며, 렌딩 로봇Lending Robot과 같은 회사는 헤지펀드 같은 전문 투자 기관들의 전유물이었던 알고리즘 기반 P2P 대출 투자 관리 서비스를[12] 일반 투자자에게 저렴하게 제공한다. 그런가 하면 비트코인은 연결과 연산을 기반으로 금융거래에서의 신뢰와 보안 개념을 재정의하고 있다(이에 대해서는 이어지는 글 〈비트코인 사례 연구〉에서 자세히 다룬다).

결론: 금융기관(노드)이 아니라 참여(연결)가 중심이다

핀테크는 결국 중앙집권적 금융시장의 해체이며 기존의 금융기관, 전문가, 관리자들에게 쏠려 있던 역할을 네트워크가 대체한다는 것을 의미한다. 이는 여러분과 같은 일반 사용자가 참여하는 혁명이다. 핀테크를 기존의 금융 서비스 틀에서 본다면 미래가 없다. 기존의 틀을

11. Jonathan Shieber & Jordan Crook, "Wealthfront Now Manages More Than $2 Billion In Client Assets," *TechCrunch*, Mar 3, 2015, http://techcrunch.com/2015/03/03/ wealthfrontnow-manages-more-than-2-billion-in-client-assets.
12. Steve O'Hear, "LendingRobot Scores $3M To Automate Investing On P2P Lending Platforms Lending Club And Prosper," *TechCrunch*, Jan 20, 2015, http://techcrunch.com/2015/01/20/lendingrobot/.

깨고 핀테크를 바라볼 때 비로소 가능성과 희망이 보일 것이다.

금융거래를 정보로, 금융거래 서비스를 유기적 네트워크가 형성되는 과정으로 이해하는 기업만이 그 혁명을 선도하게 될 것이다.

02 금융의 네트워크화: 신뢰, 보안, 사용자 경험의 이해

Trust, Security, and User Experience in
Financial Service Innovation

이전 글에서 핀테크의 본질이 왜 단순히 기술 혁신이 아니라 네트워크에 있는지 알아보았다. 금융거래를 정보로, 금융 서비스를 네트워크 관점에서 이해한 것인데, 이것을 실제 비즈니스에 적용하기 위해서는 어떻게 해야 할까?

핀테크를 둘러싼 현상들은 공통점을 갖고 있다. 크게 신뢰trust, 보안security, 사용자 경험user experience의 세 가지 관점에서 새로운 사용자 가치를 제공하고자 한다는 것이다. 이 글에서는 핀테크가 (고객의) 어떤 문제를 해결해야 하는지를 이 세 가지 관점에서 살펴봄으로써 금융 서비스 혁신이 가야 할 방향에 대해 정리할 것이다.

신뢰, 보안,
사용자 경험

우리나라 금융권은 상당히 일찌감치 정보기술을 적용해 왔고 최근까지는 우리나라처럼 계좌이체, 결제 등이 편리한 나라도 없었다고 생각한다. 하지만 문제는 스마트폰을 필두로 한 모바일 인터넷의 출현으로 사용자·비즈니스 등의 환경이 급격하게 변하면서 시작되었다.

이제는 모든 것이 연결되는 세상이 되었다. 모든 것이 투명해지고 수요와 공급의 연결이 즉각적인 세상에서는 더 이상 우리가 알고 있던 방식으로 사고하고 비즈니스를 해서는 안 된다. 금융기관은 이 새로운 세상을 어떻게 준비해야 할 것인가?

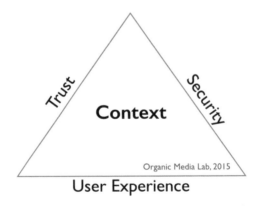

The Trinity of Financial Service Innovation

핀테크가 해결해야 할 과제는 신뢰, 보안, 사용자 경험을 통해 금융 전반의 거래 '컨텍스트'의 혁신을 가져오는 것이다.

1) 신뢰: 은행이 죽어야 은행이 산다

지금까지의 금융거래는 은행이나 신용카드 회사처럼 믿을 수 있는 제3자trusted 3rd party를 기반으로 이루어져 왔다. 거래 당사자들끼리는 서로 믿을 수 없기도 하고 수요와 공급을 제때 맞출 수 없기 때문에 믿을 수 있는 은행·신용카드 회사를 매개로 거래를 할 수밖에 없었던 것이다. 하지만 모든 것이 연결되는 세상에서는 더 이상 제3자를 통하는 것만이 안전하고 즉각적인 거래를 할 수 있는 방법이 아니다.

마치 에어비앤비가 숙박이 필요한 사람과 숙박을 제공할 사람을 직접 연결하고, 우버가 이동 수단이 필요한 사람과 이동 수단을 제공할 사람을 연결하듯이 앞으로는 결제나 대출이 당사자 간에 직접 일어나게 될 것이다. 비트코인과 같은 대안 화폐·결제 시스템, 렌딩클럽과 같은 P2P 대출, 킥스타터와 같은 크라우드 펀딩crowd funding 등은 거래 당사자들이 직거래를 할 수 있게 하는 대표적인 서비스다.

이러한 서비스에서는 기본적으로 신뢰의 개념을 다시 생각하지 않을 수 없다. 비트코인처럼 수학적 증거를 기반으로 한 신뢰Trust by Cryptographic Proof, 우버·렌딩클럽처럼 투명성을 기반으로 한 신뢰Trust by Transparency[1] 등이 바로 새로운 개념의 신뢰다.

혹자는 개인이 어떻게 은행과 같은 수준의 신뢰를 받을 수 있는지 의구심을 가질 것이다. 하지만 실제로 에어비앤비나 우버의 성장을 보면 성공적인 거래가 일어나기에 충분한 신뢰가 구축되고 있음을 알

---

1. 윤지영, 〈어디까지 보여줄 것인가?〉, 《오가닉 미디어》, 21세기북스, 2014.

수 있다. 물론 우버나 에어비앤비가 기존의 운송업, 숙박업과 공존해 가는 과정에서 수많은 잡음이 일고 세계적으로 사회적 이슈가 되고 있다.

그러나 이러한 현상 자체는 두 가지를 방증한다. 첫째, 전통적 비즈니스 영역을 단번에 위협할 만한 사용자 가치를 제공하고 있다는 점이다. 둘째, 그러므로 사용자들의 신뢰는 (잡음에 아랑곳하지 않고) 지속적으로 늘고 있다는 점이다.

물론 아직 규제가 많은 금융시장의 경우 새로운 형태의 비즈니스를 시작하기는 쉽지 않을 것이다. 그러나 반드시 가야 할 길이라면, 무엇보다 어떻게 새로운 형태의 신뢰를 만들 것인지[2]가 고민의 출발점이 될 수밖에 없을 것이다.

2) 보안: 더 이상 안전한 '곳(place)'은 없다

두 번째는 가장 민감한 보안 문제다. 요즘은 주민등록번호와 신용카드 정보가 공공재라며 자학 개그를 할 정도로 보안 문제가 한계점에 다다랐다. 최근에는 해커가 30개국 100여 개 은행에서 10억 달러를 빼돌리는 사건이 발생하기도 했다.[3] 더 이상 정보나 돈을 안전하게 맡길 곳은 없는 것이다.

---

2. 윤지영, 〈연결된 세상에서 신뢰란 무엇인가?〉, 오가닉미디어랩, 2015년 9월 17일, http://organic medialab.com/2015/09/17/a-problem-definition-of-trust-in-a-connectedworld/.
3. David Sanger & Nicole Perlroth, "Bank Hackers Steal Millions via Malware," *New York Times*, Feb 14, 2015, http://www.nytimes.com/2015/02/15/world/bank-hackers-stealmillions-via-malware.html.

이러한 일련의 사건이 금융기관과 정부의 과민반응을 불러일으키면서 보안을 더욱 강화하는 방향으로 정책 및 서비스가 흘러가고 있다. 그러다 보니 인터넷 뱅킹 등에 추가적인 안전(?)장치와 단계가 늘어나고 있는 상황이다. 하지만 갈수록 사용하기만 어려워질 뿐 보안 문제를 근본적으로 해결하지는 못하고 있다(예를 들어 거래를 시작할 때 공인인증서 암호를 입력하고 마지막에 다시 입력하는 절차가 얼마나 보안을 강화하는지 생각해 보기 바란다). 뒷문은 열려 있는데 대문에 자물쇠를 자꾸 추가하는 꼴이다.

그렇다면 모든 것이 연결된 세상에서는 어떻게 새롭게 보안 문제에 접근할 것인가? 지금까지 보안은 접근 제어access control 관점에서 접근했다. 즉 금고에 중요한 정보나 돈을 넣고 믿을 수 있는 사람들에게만 금고를 여는 비밀번호를 공유하는 방법을 취했다. 이러한 방식의 문제는 접근 권한이 해커에게 노출되는 순간 대형 사고가 발생한다는 것이다.

그렇다면 대안은 무엇인가? 첫째, 개인의 중요한 정보를 금융기관과 같은 한 장소에 모아 놓지 않는 것이다. 둘째, 개인의 중요한 정보가 개인의 디지털 지갑에서 떠나지 않도록 하는 것이다. 비트코인과 애플페이가 대표적인 사례다.

비트코인은 블록체인blockchain을 이용하여 연산을 기반으로 한 신뢰라는 개념을 도입함으로써 보안의 개념을 근본적 바꿔 놓았다.[4] 기존

Andreas Antonopoulos, "Bitcoin security model: trust by computation," *O'Riley Radar*,

의 보안 방법은 소수의 해커도 문제가 될 수 있는 반면 비트코인의 보안은 해커가 과반수를 넘지 못하면 문제가 되지 않는 방법이다.[5]

애플페이는 기존의 신용카드 네트워크를 사용하지만 신용카드 번호 대신 토큰을 기반으로 한 거래 방식을[6] 사용함으로써 거래의 안전성을 획기적으로 높였다. 토큰은 아이폰에 신용카드를 처음 등록할 때 부여되고 이후 거래에 사용되는 번호이다. 따라서 신용카드 번호가 더 이상 가맹점에 노출되지 않는다. 거래 시에는 동적인 세 자리 보안 코드(신용카드 뒷면의 세 자릿수와 같은 개념) 사용과 지문 인식을 통해 해킹 가능성을 최소화했다.[7]

이와 같이 연결의 관점에서 보안 개념을 새롭게 이해하고 접근하지 않으면 핀테크는 무늬만 있는 유행어로 끝나게 될 것이다.

3) 사용자 경험: 복잡한 것은 실패한다

'천송이 코트'에서 시작된 액티브엑스ActiveX, 공인인증서 등과 관련된 논란은 사용자 경험을 전혀 이해하지 못한 데서 출발한다. 물론 액티

Feb 20, 2014, http://radar.oreilly.com/2014/02/bitcoin-security-model-trust-bycomputation.html.

5. 여기서는 이해를 돕기 위해 단순화하여 설명했다. 자세한 원리는 〈비트코인 사례 연구(2)〉를 참고하기 바란다.

6. Yoni Heisler, "Apple Pay: An in-depth look at what's behind the secure payment system," *Engadget*, Oct 2, 2014, http://m.tuaw.com/2014/10/02/apple-pay-an-in-depth-look-atwhats-behind-the-secure-payment/.

7. 참고로 삼성이 최근에 인수한 루프페이는 기존의 마그네틱 기반 신용카드의 결제 시스템을 그대로 사용하기 때문에 신용카드를 디지털 지갑에 저장하는 것일 뿐 보안 관점에서는 여전히 취약하다. 다만 올여름에 론칭되는 삼성페이는 토큰을 기반으로 한 거래 방식을 추가할 예정이다.

토큰에 기반한 애플페이 결제과정

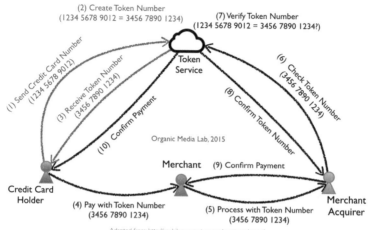

(2) Create Token Number
(1234 5678 9012 = 3456 7890 1234)

(7) Verify Token Number
(1234 5678 9012 = 3456 7890 1234?)

(1) Send Credit Card Number
(1234 5678 9012)

(3) Receive Token Number
(3456 7890 1234)

(6) Check Token Number
(3456 7890 1234)

(8) Confirm Token Number

(10) Confirm Payment

Token Service

Organic Media Lab, 2015

Merchant   (9) Confirm Payment

Credit Card Holder

(4) Pay with Token Number
(3456 7890 1234)

(5) Process with Token Number
(3456 7890 1234)

Merchant Acquirer

Adapted from: http://mobilepaymentux.com/meet-apple-pay/

애플페이와 같은 토큰 기반 결제 시스템에서는 신용카드 번호가 가맹점에 노출되지 않는다.

브엑스가 걷어 내야 할 기술인 것은 분명하지만 이를 걷어 낸다고 해서 사용자 경험이 더 좋아지는 것이 아니다. 많은 경우 액티브엑스를 걷어 낸 자리에 또 다른 걸림돌을[8] 집어넣고 있다.

　머지않아 사람들은 더 이상 물리적인 지갑을 들고 다니기를 원하지 않을 것이다. 하지만 물리적인 지갑을 없애고 싶은 것은 디지털 지갑을 원하기 때문이 아니다. 금융기관이 제공해야 하는 것은 언제 어디서나 쉽고 안전하게 결제하고, 낮은 이자율로 편리하게 대출을 받고,

---

8. 빈꿈, 〈액티브X 대신 exe 파일 설치, 그런데 그것이 실제로 일어났습니다〉, ㅍㅍㅅㅅ, 2015년 2월 16일, http://ppss.kr/archives/37583.

고수익을 얻으면서도 안정적인 투자를 할 수 있는 '경험'이다.

이러한 경험을 제공할 수 있는 기술은 이미 나와 있다. 다만 금융기관 등이 이러한 기술을 이용하여 어떻게 사용자가 진정으로 원하는 가치를 쉽고 편리하게 제공할 수 있느냐는 문제가 남아 있을 뿐이다. 애플페이나 렌딩클럽의 사례는 이와 같은 관점에서 안전하고 편리한 결제 경험, 채무자와 채권자 간의 새로운 거래 경험을 제공하기 때문에 의미를 갖는다.

이제 금융기관을 포함한 모든 기업은 경험을 파는 곳이라는 것을 잊어서는 안 된다. 아마존, 우버, 에어비앤비, 애플 등은 새로운 사용자 경험을 창조함으로써 새로운 시장을 개척하고 있다. 핀테크도 새로운 사용자 경험을 창조하는 서비스가 될 수 없다면 의미가 없다.

핀테크는 금융거래 '컨텍스트'의 혁신이다

결국 핀테크는 단순한 결제 기술의 혁신이 아니라, 사용자가 금융거래 과정으로부터 자유로워지는, 금융 전반의 '컨텍스트' 혁신을 말한다. 여기서 컨텍스트란 거래를 둘러싼 모든 환경을[9] 포괄한다. 아마존의 원클릭처럼 사용자가 돈을 어떻게 지불하는지 인식하기도 전에 결제가 이뤄지는 것이다. 수많은 문서를 작성하고 약정하는 복잡한 과정

---

9. 윤지영, 〈컨텍스트의 4요소〉, 오가닉미디어랩, 2015년 4월 15일, http://organicmedialab. com/2015/04/15/4-elements-of-context/.

을 거치지 않고 렌딩클럽처럼 단번에 쉽고 편리하게 이루어지는 거래 경험을 제공하는 것이다. 더 나아가 돈이 필요할 때 대출 과정을 인지하지 않고도 돈을 빌릴 수 있게 하는 것이다. 투자도 마찬가지다. 내게 남는 돈이 있으면 정보를 모으고 고민하고 망설이지 않고도 자연스럽게 투자가 이루어지는 과정을 제공하는 것이다.

그러므로 금융기관은 더 이상 거래의 중심이 아니라 거래 당사자를 끊김 없이 연결해 주는 매개자이자 조력자다.[10] 결국 금융 전반의 컨텍스트 혁신이란, 기술을 만들고 사용하는 관점이 아니라 거래 '당사자들의' 네트워크를 만드는 관점으로 전환하는 것을 의미한다. 위에서 언급한 신뢰, 보안, 사용자 경험의 이슈도 네트워크 관점을 떠나서는 해결할 수 없다.

그러므로 하나의 과제만을 해결해서는 답이 없다. 사용자 경험이 희생되는 신뢰, 보안은 소용이 없다. 물론 신뢰와 보안이 담보되지 않는 사용자 경험도 소용이 없다. 네트워크의 매듭처럼 세 가지 과제가 서로 불가분의 관계로 연결되어 있다는 점을 잊어서는 안 된다.

10. 윤지영, 〈연결이 지배하는 세상에서 사업자는 누구인가?〉, 오가닉미디어랩, 2014년 6월 10일, http://organicmedialab.com/2014/06/10/redefining-business-in-the-connected-world/.

03 비트코인 사례 연구(1): 네트워크의 작동 원리와 적용

Bitcoin as Disruptive Innovation

비트코인이 무엇인지,[1] 비트코인이 화폐 역할을 할 것인지,[2] 비트코인을 어떻게 얻을 수 있는지,[3] 비트코인의 미래는 어떻게 될 것인지[4] 등에 대해 수많은 글이 넘쳐난다. 하지만 대부분의 글이 비트코인에 대한 정확한 이해 없이 피상적으로 다루거나 너무 기술적이다 보니 여

---

1. 조성문, 〈비트코인 경제학〉, 조성문의 실리콘밸리 이야기, 2013년 12월 2일, http://sungmooncho.com/2013/12/02/bitcoin/.

2. 이학준, 〈비트코인, 과연 화폐로서 가치가 있을까?〉, 플래텀, 2013년 12월 26일, http://platum.kr/archives/16236.

3. 안상욱, 〈비트코인 채굴, 직접 도전해 봤어요〉, 블로터, 2013년 11월 29일, http://www.bloter.net/archives/170547.

4. Dara Kerr, "Bank of America deems Bitcoin the next big thing," *CNET*, Dec 5, 2013, http://www.cnet.com/news/bank-of-america-deems-bitcoin-the-next-big-thing/.

전히 의문만 남는다.

이 글에서는 비트코인을 조금 더 근본적인 관점에서 살펴보고 비트코인의 작동 원리를 네트워크 관점에서 살펴봄으로써 금융 서비스가 어떻게 네트워크화되고 있는지 좀 더 명시적으로 이해하는 시간을 갖는다.

비트코인은 왜, 어떻게 네트워크로 작동하는가?

비트코인은 암호화에 기반을 둔 가상 화폐cryptocurrency다. 비트코인과 그 아류(예를 들어 라이트코인, 피어코인, 네임코인 등)를[5] 이해하기 위해서는 이러한 화폐·지불 시스템이 해결하고자 하는 문제를 이해해야 한다.

첫째, 비트코인은 완전히 분산된 지불 시스템이다

현재의 지불 시스템은 신용을 기반으로 제3자가 매개하는 시스템이다. 대표적으로 신용카드를 생각할 수 있다. 구매자가 판매자에게 지불하는 것을 신용카드 회사가 중개하는 것이다. 이러한 시스템은 대부분 잘 작동하지만 취소, 분쟁, 사기 등의 문제가 발생할 수밖에 없다. 예를 들어 남의 신용카드 번호를 도용하여 물건을 사는 경우 전체 시스템에 많은 비용을 발생시킨다. 게다가 모든 정보가 한곳에 모여 있

---

5. Danny Vega, "Bitcoin vs. Litecoin vs. Peercoin vs. Ripple vs. Namecoin," *Heavy*, Dec 2, 2013, http://heavy.com/tech/2013/12/bitcoin-vs-litecoin-peercoin-ripple-namecoin/.

으므로 해킹이나 다운 등의 위험이 따른다. 따라서 신용카드 회사는 이러한 위험을 관리하는 데 많은 비용을 지불하고, 이를 우리에게 전가한다.

비트코인은 신용카드 회사와 같은 제3자를 배제하고 구매자와 판매자 간에 직접peer-to-peer 결제를 하는 방식이다. 어떻게 보면 우리 모두가 은행이 되는 것이라 볼 수 있다.[6] 비트코인에서는 내가 가진 지갑(Bitcoin wallet)으로부터 지갑을 가진 누구에게나 비트코인을 보내고 받을 수 있다. 이렇게 제3자가 빠지기 때문에 거래비용이 거의 0에 가까워지고, 기존 지불 서비스에 비해 매우 저렴하고 다양한 형태의 비트코인 기반 지불 서비스(예를 들어 비트페이Bitpay)가 가능하다. 또한 완전히 분산된distributed and decentralized 시스템이기 때문에 해킹, 다운, 규제로 시스템이 정지되거나 붕괴될 가능성이 거의 없다.[7]

둘째, 비트코인은 사기가 현실적으로 불가능한 지불 시스템이다

현금의 경우에도 위조지폐가 있듯이, 가상 화폐가 가진 가장 큰 문제는 진짜와 똑같은 위폐를 만들 수 있다는 것이다. 즉 같은 돈을 복사해서 여러 군데에 사용할 수 있다(이전의 가상 화폐들이 이 문제를 해결하지 못해 사라져 갔다). 비트코인에서는 모든 거래를 기록으로 남기고 공유하

---

6. 윤지영, 〈비트코인, 우리가 은행이다〉, 오가닉미디어랩, 2014년 2월 22일, http://organicmedia lab.com/2014/02/22/we-are-a-bank-in-bitcoin/.
7. David Perry, "Democratic Currency: Why Bitcoin is So Hard to Regulate," *Coding in My Sleep*, Nov 20, 2013, http://codinginmysleep.com/democratic-currencywhy-bitcoin-hardregulate/.

기 때문에 같은 돈을 여러 번 사용하는 것이 현실적으로 불가능하다.

비트코인 창시자인 사토시 나카모토에 따르면 비트코인은 신용에 기반한 것이 아니라 수학적 증거에 기반한 지불 시스템이다.[8] 비트코인으로 일어나는 모든 거래는 10분 단위로 하나의 블록에 기록되고 이 블록을 이전의 블록에 이어 감으로써 블록체인을 형성한다. 이때 비트코인 시스템에 참여하는 모든 노드가 블록체인에 서명하고 이를 공유하기 때문에 같은 돈을 복사해 여러 군데 사용하는 등의 사기가 불가능한 것이다. 비트코인 결제가 약 15분에서 한 시간 정도 걸리는 것은 기존의 블록체인에 하나의 새로운 블록이 덧붙여지고 이를 서명하는 데 10분 정도 걸리며, 안전을 위해서 6개의 블록이 추가되는 것을 확인할 때까지 기다리기 때문이다.

또한 비트코인을 받는 주소는 모두에게 공개되지만 비트코인을 보내기 위한 비밀번호는 비트코인 지갑을 떠나지 않기 때문에[9] 신용카드나 은행 계좌번호에 비해 매우 안전하다.

셋째, 자생적이고 내재적인 가치를 가진 화폐 시스템이다

중앙은행이 발행하지 않은 가상 화폐는 발행 권한을 누가 가지고 화폐의 가치를 어떻게 결정하느냐가 가장 큰 문제다. 비트코인이 가치를 가질 수 있느냐는 문제는 논란이 가장 많은 이슈다. 노벨상을 받은 경

---

8. Sathoshi Nakamoto, "Bitcoin: A Peer-to-Peer Electronic Cash System," 2008.
9. 노상규, 〈비트코인 주소, 거래, 그리고 지갑〉, 오가닉미디어랩, 2014년 2월 20일, http://organicmedialab.com/2014/02/20/bitcoin-addresses-transactions-and-wallets/.

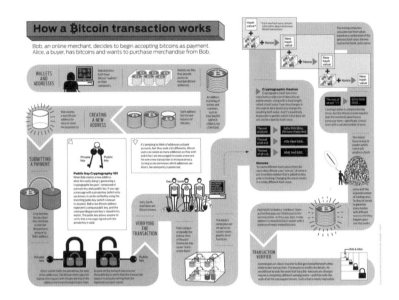

비트코인 거래가 어떻게 일어나는지를 잘 보여주는 인포그래픽(Source: http://codinginmysleep.com/explaining-bitcoin-greg-dean/).

제학자인 폴 크루그먼Paul Krugman은 최근 〈비트코인은 사악하다Bitcoin is Evil〉라는 글을 올려 이슈에 불을 붙였다. 경제학자들은 대부분 화폐가 되려면 가치를 저장할 수 있어야 하는데 비트코인은 그렇지 못하다고 한다.[10, 11] 하지만 비트코인을 옹호하는 사람들은 비트코인은 효용

10. Paul Krugman, "Bitcoin is Evil," *NYT Blog*, Dec 28, 2013, http://krugman.blogs.nytimes.com/2013/12/28/bitcoin-is-evil/.

11. Brad DeLong, "Watching Bitcoin, Dogecoin, Etc...," *Washington Center for Equitable Growth*, Dec 28, 2013, http://equitablegrowth.org/2013/12/28/1466/watching-bitcoindogecoin-etc.

성utility과 희소성scarcity을 가지고 있으므로 가치가 있다고 주장한다.[12]

비트코인 시스템의 핵심은 시스템을 유지하는 데 기여한 만큼 비트코인을 얻을 수 있도록 함으로써 자생적이면서도 내재적인 가치를 지니도록 했다는 데 있다. 이른바 비트코인 채굴mining이 위에서 언급한 모든 거래에 대한 기록(블록체인)을 유지하고 해커로부터 안전하게 지키는 일이다. 기록 유지 및 보안 책임을 채굴 권한과 일치시킴으로써 자생적으로 시스템이 유지되는 것이다.

비트코인을 채굴하기 위해서는 어려운(정확히는 시간이 오래 걸리는) 수학 문제를 풀어야 하는데, 이에는 비용(컴퓨팅 파워와 전기)이 든다. 그리고 이미 발행된 화폐의 양이 많아지고 채굴 수요가 높아짐에 따라 비트코인을 얻기가 더욱 어려워지기 때문에 갈수록 더 많은 비용이 든다. 이는 금을 채굴하는 것과 유사하다. 어떻게 보면 비트코인은 가상의 금이라 생각할 수 있다. 따라서 최소한 중앙은행에서 발행한 화폐보다는 내재적인 가치가 있다고 할 수 있다.

그리고 비트코인의 가치는 화폐 자체에 있다기보다는 전체적인 지불 시스템에 있다. 이는 중앙은행이 발행하는 화폐가 가치를 가진 것이 한 국가의 화폐·금융 시스템에 있는 것과 마찬가지다. 다른 각도에서 보면 비트코인은 비트코인 에코시스템Bitcoin Ecosystem(또는 회사)의 가치를 반영하는 주식이라고 생각할 수도 있다.

12. Jay Yarow, "Why Bitcoin Has Value, According To One Of Its Biggest Supporters," *Business Insider*, Jan 2, 2014, http://www.businessinsider.com/why-bitcoin-has-value-2014-1.

비트코인은 금융의 네트워크화를
보여주는 실증적 사례다

그렇다면 비트코인이 앞으로 버블로 끝날 것인지, 아니면 대안 화폐로 자리 잡을 것인지 궁금할 것이다. 나는 지금이 1990년대 후반 인터넷 버블 시기와 유사하다고 생각한다.

현재 비트코인의 가격(2014년 1월 5일 현재 USD 920)에는 분명히 버블이 있다고 생각한다. 하지만 그렇다고 비트코인과 같은 화폐·지불 시스템이 (페이스북이 그렇지 않았듯이) 일부 사람들의 놀이가 되지는 않을 것이다. 현재 비트코인의 가격이 급등락을 거듭하고, 비트코인으로 할 수 있는 것이 별로 없는 것은 아직 비트코인이 태어난 지 5년밖에[13] 되지 않았기 때문이다. 새로운 지불 시스템이 자리를 잡으려면 충분한 시간이 필요하다. 그렇다면 어떤 곳에서 비트코인이 먼저 사용될 것인지를 살펴보자.

첫째, 외환 거래에 비트코인이 사용될 것이다.[14] 국가 간의 지불 시스템은 매우 비효율적이다. 해외에서 물건을 사거나 해외로 송금할 때 우리는 비싼 수수료를 지불한다. 하지만 비트코인을 이용하는 경우

---

13. Saumya Vaishampayan, "Happy fifth birthday, Bitcoin! Here's what could happen in 2014," *Market Watch*, Jan 3, 2014, http://blogs.marketwatch.com/thetell/2014/01/03/happy-fifth-birthday-bitcoinheres-what-could-happen-in-2014/.

14. Timothy B. Lee, "Five surprising facts about Bitcoin," *Washington Post*, Aug 21, 2013, http://www.washingtonpost.com/blogs/the-switch/wp/2013/08/21/five-surprisingfacts-about-bitcoin-2/.

The growth of the Internet will slow drastically, as the flaw in "Metcalfe's law"--which states that the number of potential connections in a network is proportional to the square of the number of participants--becomes apparent: most people have nothing to say to each other! By 2005 or so, it will become clear that the Internet's impact on the economy has been no greater than the fax machine's.

Paul Krugman

노벨 경제학상 수상자 폴 그루그먼의 인터넷의 미래에 대한 예측: 2005년에 인터넷이 경제에 미치는 영향은 팩스의 영향 정도일 것이라고 1998년에 예측했다(Source: http://web.archive.org/web/19980610100009/www.redherring.com/mag/issue55/economics.html).

매우 적은 수수료만 내면 되기 때문에 사람들은 원화를 비트코인으로 바꿔서 물건을 사거나 송금할 것이다. 물론 받은 사람은 비트코인을 자국 화폐로 바꾸어 사용하게 될 것이다.

둘째, 아르헨티나처럼 정치·경제 시스템이 불안하여[15] 인플레이션이 매우 높거나 케냐처럼 은행·신용카드 회사를 포함한 금융 시스템이 갖춰지지 않은 나라에서[16] 비트코인은 매우 적절한 결제 시스템이다.

셋째, 콘텐츠 구매나 기부 같은 매우 적은 금액의 거래에[17] 사용될 것이다. 신용카드나 계좌이체는 수수료 체계 때문에 이른바 소액 결제micropayment에는 적합하지 않다. 하지만 비트코인으로는 아주 적은

---

15. 상동.

16. Katie Collins, "Africa's first Bitcoin wallet launches in Kenya," *Wired*, Jul 9, 2013, http://www.wired.co.uk/news/archive/2013-07/09/africa-first-bitcoin-wallet.

17. Anthony Ha, "BitWall Allows Publishers To Make Money Through Bitcoin Micro-payments," *TechCrunch*, Sep 21, 2013, http://techcrunch.com/2013/09/21/bitwall-launch/.

금액의 거래를 매우 쉽고 저렴하게 할 수 있다. 예를 들어, 'Bitcoin Mining in Plain English'[18]의 필자는 자신의 포스트가 도움이 되었다고 생각하는 사람들이 비트코인으로 팁을 줄 수 있도록 했다.

비트코인은 위와 같은 분야에서 자리를 잡으며 중장기적으로는 기존의 화폐와 공존하면서 비효율적인 지불 시스템을 대체할 것으로 생각된다. 앞으로 비트코인과 그 아류들이 어떻게 성장하고 자리를 잡는지 지켜보는 것은 마치 롤러코스터를 타는 것처럼 매우 흥미로울 것이다.

18. http://codinginmysleep.com/bitcoin-mining-in-plain-english/.

04 비트코인 사례 연구(2): 사용자 참여와 유기적 협업
Virtuous Cycle of Bitcoin Mining

비트코인에 관심 있는 독자라면 왜 비트코인을 우리가 아는 화폐처럼 발행하지 않고 어려운 채굴 과정을[1] 거치는지 매우 궁금할 것이다. 채굴은 (1) 새로운 비트코인을 공급하기도 하지만 (2) 블록체인이라 불리는 공유된 거래 기록을 해커나 사기꾼으로부터 안전하게 보호하는 역할을 한다.

이 글에서는 비트코인 채굴에 대해 간단히 설명하고 채굴의 의미에 대해 자세히 알아본다. 그리하여 비트코인이 왜 금융기관이라는 '노드'

---

1. Rob Wile, "That Swedish Bitcoin Mining Company Has Sold $28 Million-Worth Of Its New Mining Hardware," *Business Insider*, Dec 14, 2013, http://www.businessinsider.com/knc-sellsnearly-28-million-neptunes-2013-12.

에 기반을 두지 않고 사용자 참여라는 '연결'에 기반을 두는지 그 원리를 살펴보는 시간을 갖는다. 더 정확하게는 '채굴' 관점에서 사용자의 참여 방식과 그것이 금융 네트워크 전체에 미치는 영향을 살펴보고자 한다.

협업의 구조:
비트코인 채굴, 블록, 블록체인

비트코인 거래가 일어나면 이 거래는 비트코인 네트워크에 참여하는 모든 노드에게 알려진다. 이렇게 알려진 거래를 기록하고 공식화하는 과정이 비트코인 채굴이다. 이 과정은 블록 단위로 일어난다. 블록은 비트코인 거래를 10분 단위로 모은 것이다. 블록체인은 현재까지의 블록이 모두 이어진 것으로, 현재까지 일어난 모든 비트코인 거래가 시간순으로 기록된 장부다. 다음 쪽의 그림은 나의 거래가[2] 포함된 블록에 대한 요약 정보다.[3] 이 블록은 28만 35번째 블록이고 326개의 거래가 포함되어 있으며, 거래 금액은 약 3140비트코인BTC이다.

    새로운 블록은 규칙에 따라 채굴자mining node들이 처리하게 되며, 가장 먼저 처리를 끝낸 채굴자가 처리 증거proof of work와 함께 "이것이 원본이다"라고 이웃 채굴자에게 알리고 이를 채굴자들이 확인하고 받

---

2. https://blockchain.info/tx-index/9484749fda0faf8be7f837e6752e1acaeef6c92d03ce9e1f2
9236bec49f33afd.
3. https://blockchain.info/block-index/457875.

Block #280035

Summary	
Number Of Transactions	326
Output Total	4,732.65277181 BTC
Estimated Transaction Volume	3,140.51043856 BTC
Transaction Fees	0.07859892 BTC
Height	280035 (Main Chain)
Timestamp	2014-01-12 04:53:46
Received Time	2014-01-12 05:00:55
Relayed By	BTC Guild
Difficulty	1,418,481,395.26
Bits	419628831
Size	171.181640625 KB
Version	2
Nonce	3903909353
Block Reward	25 BTC

이전, 현재, 다음 블록의 요약본(Hash)

Hashes	
Hash	0000000000000006ad668d937235914a125d1057701bed54c733df49d7e43cb
Previous Block	0000000000000021b438f24630f005f12e4bb1175a60417ddaeb8cf34eabd4a
Next Block(s)	0000000000000001e3f23a11690abdc9c4ab69abbb1cda7911996389af3d9bf3

Merkle Root 104ac81ae8eef5b919689e91085e37f20c5ef7e434b6044f569b774d93dd6749

Network Propagation (Click To View)

블록체인 요약 정보(https://blockchain.info/block-index/457875): 비트코인과 관련된 모든 정보는 Blockchain.info와 같은 블록체인 탐색 서비스(block chain browser)를 통해 찾아볼 수 있다.

아들이는 과정을 거친다. 이렇게 받아들여진 블록은 기존의 블록체인을 이어 가는 것이다. 이렇게 블록 및 블록체인을 공식화하는 과정이 바로 채굴이다(왜 채굴이라고 부르는지는 조금 뒤에 설명하겠다).

비트코인 채굴은 구체적으로 블록 요약본hash의 값을 주어진 숫자보다 작게 만드는 임의의 숫자nonce X를 찾는 것이다.[4] 예를 들어 요약본이 최대 99999까지 가능한데 주어진 숫자인 00099보다 작거나 같은 요약본을 만드는 임의의 숫자를 찾는 것이다(이해를 돕기 위해 10진수로 설

4. Sathoshi Nakamoto, "Bitcoin: A Peer-to-Peer Electronic Cash System," 2008.

비트코인 채굴 단계 (Bitcoin Mining Step)

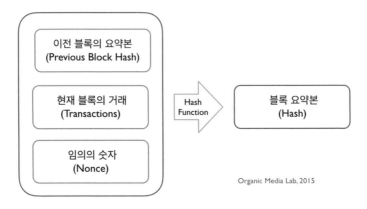

블록의 요약본은 바로 이전 블록의 요약본, 현재 블록의 거래, 임의의 숫자를 더한 문서에 기반을 두어 만들어진다.

명했다).

이때 블록의 요약본은 위의 그림과 같이 이전 블록의 요약본(255쪽 그림의 블록에서는 000…bd4a)에 현재 블록의 모든 거래를 덧붙이고(실제로는 모든 거래의 요약본) 여기에 임의의 숫자 X를 덧붙인 문서를 요약하여 hashing 만든다.

조건을 만족하는 X는 우리가 일반적으로 방정식을 풀듯이 해를 찾을 수 있는 것이 아니라 모든 경우의 수를 대입해 보는 방법brute force 밖에 없다. 비트코인의 경우 요약본의 크기가 256비트이고, 경우의 수가 10^{77}을 넘는다(255쪽의 그림에서는 요약본이 16진수로 표시되어 있다). 이때 주어진 요약본의 목표값difficulty target이 작으면 작을수록(앞자리의 0의 수가 많을수록) 조건을 만족하는 X를 찾기가 기하급수적으로 어려워진다.

이렇게 조건을 만족하는 임의의 수를 찾아 만든 현재 블록의 요약본을 이웃 채굴자에게 알리고 이를 다른 채굴자들이 맞는 것으로 받아들이면 이를 블록의 해를 구했다고 하거나 블록을 찾았다고 한다. 255쪽 그림의 블록에서는 X에 해당하는 값nonce이 3903909353이고 이를 이용한 요약본hash의 값이 0000…e43cb다.

협업을 통한 보안: 거래 기록의 보호

그렇다면 왜 이렇게 힘들게 공식화하는지 궁금할 것이다. 위의 내용이 이해되지 않았다면 더욱 그럴 것이다. 이는 모든 거래 기록이 공유되는 상황에서 해커들이 쉽게 이 기록을 조작하는 것을 방지하기 위한 것이다.

만약 해커가 자신이 쓴 돈을 다른 곳에 다시 쓰려고 한다고 가정해 보자. 그러기 위해서는 장부(블록체인)를 조작해야 한다. 그런데 비트코인 시스템에서는 블록체인이 진짜인지 가짜인지를 민주주의의 원칙에 따라 결정한다.[5]

블록체인의 복사본은 모든 노드들이 가지고 있는데, 여러 이유로 서로 다른 복사본을 가지고 있을 수 있다(이를 분기되었다forked고 한다). 이 때 가장 많은 노드가 가지고 있는 복사본을 진짜로 여기는 것이다(255

---

5. 상동.

쪽의 그림에서는 Main Chain이라고 표시되어 있다). 만약 블록을 쉽게 공식화할 수 있다면 해커가 많은 숫자의 컴퓨터(정확하게는 IP)만 가지고도 기록을 조작할 수 있게 된다.

그러나 해를 찾는 것을 매우 어렵게 만들면, 블록체인을 조작하려는 해커는 선의의 채굴자가 가진 CPU 파워보다 더 큰 파워를 가져야 한다(51% 공격[6]). 더구나 해커가 조작하고자 하는 블록 이후에 여러 개의 블록이 이어진 경우에는 조작은 현실적으로 불가능하다고 하겠다.

이렇게 거래 기록을 안전하게 보호하는 방식은 기존의 은행이나 신용카드 회사에서 사용하는 방법과 매우 다르다. 기존의 방식은 우리가 믿고 싶은 제3자가 모든 기록을 다 가지고 있고 이를 해커가 접근하지 못하도록 하는 방식이다. 그러다 보니 항상 구멍이 있기 마련이고 이를 해커들이 악용해 왔다. 하지만 비트코인의 방식은 누구나 기록을 볼 수 있도록 하지만 이를 조작하는 것은 한 가지 방법밖에 없고 이것이 현실적으로는 불가능하도록 하는 것이다(2012년 시점에도 하나의 거래를 조작하기 위해서는 수천억 원을 들여야 했다[7]).

협업을 통한 발행과
참여의 인센티브

비트코인 시스템이 제대로 작동하기 위해서는 앞에서도 언급했듯이

---

6. David Perry, "Bitcoin Attacks in Plain English," *Coding in My Sleep*, Oct 5, 2012, http://codinginmysleep.com/bitcoin-attacks-in-plain-english/.
7. 상동.

엄청난 CPU 파워가 필요하다. 하지만 비트코인 시스템에서는 누군가 통제하거나 강제를 하는 사람이 없으므로 자발적인 참여를 기대할 수밖에 없다. 이 자발적인 참여의 동기로서 블록의 해를 구한 채굴자에게 새로운 비트코인을 발행하는 것이다(255쪽의 그림에서는 Block Reward). 물론 거래 수수료transaction fees도 채굴자에게 제공된다. 해를 구한 채굴자가 비트코인을 얻기 때문에 채굴이라는 용어를 사용하는 것이다.

한 블록당 발행되는 비트코인의 수는 4년마다 반으로 줄어들게 되어 있어(처음에는 블록의 해를 구한 노드에게 50개의 비트코인이 발행되었지만, 현재는 25개의 비트코인이 발행된다) 발행 가능한 비트코인 수는 수학적으로 2100만 개로 한정되어 있다.[8]

따라서 비트코인의 가치는 높아질 수밖에 없고, 비트코인의 가치가 높아질수록 다른 채굴자보다 더 빨리 해를 구하기 위해 더 많은 CPU 파워를 투입하게 될 것이고 이를 통해 더욱 안전한 시스템을 만들게 된다. 물론 초기에 비트코인이 전혀 가치 없을 때는 이를 이끌어 갈 그룹이 필요했겠지만, 이제는 선순환 구조가 만들어졌다(네트워크에 기반을 둔 모든 서비스가 마찬가지다).

결론적으로 채굴은 비트코인 시스템을 안전하게 보호하는 사람들에게 인센티브를 제공함으로써 시스템을 더욱 안전하게 만들며, 비트코인의 공급을 조정함으로써 비트코인의 가치가 유지되도록 하는 선순환적인 시스템이다.

---

8. "Controlled supply," *Bitcoin Wiki*, https://en.bitcoin.it/wiki/Controlled_supply.

비트코인 채굴의 선순환 구조
(Virtuous Cycle of Bitcoin Mining)

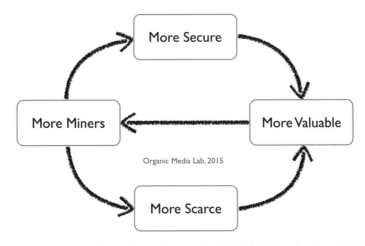

비트코인 채굴은 비트코인의 가치가 높아질수록 더 많은 채굴자가 참여하고, 이는 비트코인의 희소성뿐 아니라 안전성을 높임으로써 비트코인의 가치를 더 높이는 선순환 구조를 만든다.

    비트코인이든 아니든, 화폐의 단위와 거래 단위가 네트워크화되는 것은 이제 막을 수 없는 흐름이 되고 있다. 금융기관의 역할, 개인의 역할, 거래 방식이 근본적으로 바뀌고 다른 영역과의 경계 없는 진화가 시작되었다. 오가닉 비즈니스의 원리에서 금융 산업도 예외가 될 수 없다는 뜻이다. 그 변화는 처음에는 매우 더디게, 그러나 그 어떤 영역보다 거세게 올 것이다.

Epilogue   끝이 아닌 새로운 시작을 알리며

이 책을 쓰기 시작한 지[1] 거의 3년이 지났다. 그동안 많은 변화가 있었다. 세상도, 내 생각도, 글 쓰는 방법도 진화했다. 초기에 작성한 몇 개의 글은 책을 엮는 데 사용할 수 없게 되었다. 어떻게든 한 문장이라도 남기려고 했지만 결국은 모두 버리고 새로 썼다. 그리고 흐름에 맞게 글들을 다시 구성하고 보완했다. 추가하고 싶은 내용이 많았지만 책이 너무 무거워지지 않도록 참았다.

이 기간, 특히 최근 1년은 고통스러웠다. 하지만 그 과정에서 많은

---

1. 노상규, 〈오가닉 미디어와 새로운 실험〉, 오가닉미디어랩, 2013년 1월 19일, http://organic medialab.com/2013/01/19/%EC%98%A4%EA%B0%80%EB%8B%89-%EB%AF%B8%EB %94%94%EC%96%B4%EC%99%.

것을 배웠다. 《오가닉 미디어》의 저자 윤지영 박사의 주장대로 "책도 네트워크"[2]라는 것을 몸으로 체험했다. 이 책 《오가닉 비즈니스》는 독자들이 만들어 가는 네트워크다(이제는 여기서의 네트워크가 단순히 내 페이스북의 친구·팔로어가 아니라는 것을 이해했으리라 믿는다). 이들이 없었다면 《오가닉 비즈니스》는 인터넷의 넘쳐나는 쓰레기들과 함께 사라졌을 것이다. 이 책을 존재하게 해준 독자들에게 감사드린다.

물론 이 책의 출간은 끝이 아니라 시작이다.[3] 공짜로 배포한 이 책(웹북과 전자책)이 얼마나 많이 사랑받을지, 어떻게 오가닉 비즈니스, 더 나아가 오가닉미디어랩의 네트워크를 확장할지, 어떻게 전자책과 종이책이 상생할지 등은 누구도 예측하기 어렵다. 하지만 이 책을 통한 실험의 결과는 다음 글과 책에 반영될 것이다.

이렇게 끊임없이 실험하고 배우는 과정은 오가닉 비즈니스의 성공에 필수적이다. 많은 기업들이 과거의 방식대로 기획하고, 개발(생산)하고, 마케팅한다. 연결이 지배하는 세상에서는 이처럼 선형적이고 기능적인 접근법은 더 이상 유효하지 않다. 고객이 만들어 가는 네트워크를 기업이 더 이상 정확하게 예측하고 마음대로 움직일 수 없기 때문이다.

이 책을 등대로 제품·서비스가 가야 할 방향을 정했다면 조직도, 일하는 방식도 변해야 한다. 조직은 투명해지고 수평적이 되어야 한

2. 윤지영, 〈미디어의 진화와 오가닉 마케팅〉, 오가닉미디어랩, 2015년 5월 8일, http://organicmedialab.com/2015/05/08/media-evolution-and-organic-marketing/.
3. 윤지영, 〈끝이 곧 시작이다〉, 《오가닉 미디어》, 21세기북스, 2014.

다. 일하는 방식은 '린lean해져야' 한다. 한 번에 변신할 수는 없다. 짧은 주기로 작은 성공이나 실패의 경험을 하는 것이 중요하다.

이 경험을 통해 배운 것이 다음 주기에 반영되어야 한다. 이러한 과정을 통해 어느덧 변하고 있는 자신의 모습을 보게 될 것이다. 이것은 현재 오가닉미디어랩이 기업과 함께 경험하고 있는 내용이기도 하다. 우리의 다음 프로젝트는 이 과정을 방법론으로 정리하여 여러분과 공유하는 것이다.

기업과 고객의 경계가 허물어지면서 경영학과 사회학의 경계도 허물어졌다. 페이스북의 성장과 진화를 경영학의 관점에서만 볼 수 있는가? 진정한 학제 간의 연구가 필요한 시기다. 이 책이 도움이 되었다면 《오가닉 미디어》[4]를 읽어 보기 권한다. 미디어·사회학적 관점에서 세상의 변화를 체험하고 생각을 정리할 수 있을 것이다. 물론 지속적으로 오가닉미디어랩을 통해 우리의 생각을 표현할 것이다.

마지막으로 이 책을 다듬는 데 시간과 노력을 아끼지 않은 오가닉미디어랩 윤지영 박사와 연구원들에게 감사의 마음을 전한다.[5]

---

4. 윤지영, 《오가닉 미디어》, 21세기북스, 2014.
5. This work was partially supported by Institute of Management Research, Seoul National University.

오가닉 비즈니스

초판 1쇄 발행 | 2016년 2월 21일
초판 6쇄 발행 | 2022년 2월 14일

지은이 | 노상규

펴낸이 | 윤지영
편집인 | 윤지영, 한성근

펴낸곳 | (주)오가닉미디어랩
주소 | 경기도 성남시 분당구 운중로 243번길 11(판교동), 201호

편집 | 오가닉미디어랩(info@organicmedialab.com)
영업 | 070-4208-7212
팩스 | 050-5320-7212

출판등록번호 | 제2015-000180호